Warner: Wer wob das Web?

Ansgar Warner

> Wer wob
> das Web?

Kleine

Personengeschichte

von

Internet &

World Wide Web

Mit Personenlexikon & Glossar

edition
science & culture

Impressum

Krautpublishing © 2024

Dr. Ansgar Warner

Rungestr. 20 (V)

10179 Berlin

Herstellung und Verlag:

BoD – Books on Demand, Norderstedt

ISBN: 978-3-759729996

Bibliografische Information der Deutschen Nationalbibliothek:
Die Deutsche Nationalbibliothek verzeichnet diese Publikation
in der Deutschen Nationalbibliografie; detaillierte bibliografische Daten
sind über dnb.dnb.de abrufbar.

Die automatisierte Analyse des Werkes, um daraus Informationen
insbesondere über Muster, Trends und Korrelationen gemäß §44b UrhG
(„Text und Data Mining") zu gewinnen, ist untersagt.

Die Recherche zu diesem Buch

wurde gefördert mit

einem Neustart-Stipendium

der VG Wort.

Für
Mascha Lucile,
Immo & Irmgard

>Inhalt

- Vorwort — 9
- Personengeschichte
- Teil 1 1900 – 1966 — 13
- Teil 2 1966 – 1990 — 31
- Teil 3 1990 – 2000 — 71
- Lexikon — 103
- Glossar — 113
- Anhang — 145
- Danksagung — 163

> Vorwort

Es erscheint auf unseren schimmernden Displays wie Strom aus der Steckdose oder Wasser aus der Leitung, wir bewegen uns per Mausklick oder per Fingertipp so selbstverständlich hindurch wie durch unsere Wohnung: das World Wide Web, und eine Schicht darunter das Internet, ist längst fester Teil unseres Alltags.

Hinter diesem vermeintlich so nahen Medium auf unserem Schreibtisch oder in der Jackentasche verbirgt sich ein weltweites Gewebe. Das Netz der Netze ist nämlich vor allem eins: *„a series of tubes"*, um mit Netzforscher Andrew Blum zu sprechen, eine endlose Abfolge von Kabeln. Innerhalb unserer Städte, zwischen den Städten, zwischen Ländern und Kontinenten. Bloß ist uns dieses Wissen mehr und mehr verloren gegangen.[1] Wer redet noch von *„Cyberspace"*, wer von der *„Datenautobahn"*? Unsere Vorstellung vom Netz gleicht inzwischen einer nebulösen Datenwolke, wie zuletzt etwa Kevin Kellys Crowdsourcing-Projekt „Mapping the Internet" zeigen konnte.[2]

Fast noch unvorstellbarer scheint es, dass das allgegenwärtige Netz nicht immer schon da war, erst recht nicht für alle. Noch vor weniger als drei Jahrzehnten haben World Wide Web und Internet im Alltag der meisten Menschen überhaupt keine Rolle gespielt.

Sobald man begreift, wie wenig selbstverständlich das Web ist, stellen sich viele W-Fragen: *Warum gibt es das Netz überhaupt? Wie kam es so schnell zustande?* Vor allem auch: *Wer wob das Web?* Denn wie die elektronischen Massenmedien, wie der Computer, wie moderne Technik überhaupt standen auch bei Internet und World Wide Web am Anfang Menschen mit Ideen. Ideen darüber, wie die Welt der Zukunft aussehen könnte. In diesem Fall: eine Welt, in der alle

Menschen Zugang zu digitalen Kommunikations-Netzwerken hätten. Eine Welt, in der das gesamte Wissen der Menschheit frei zugänglich wäre.

Bei jedem Schritt zur konkreten Umsetzung standen wiederum Menschen im Mittelpunkt, die ihr Wissen und ihre Erfahrung einbrachten, aber auch ihre Zukunftsträume von der vernetzten Menschheit zu verwirklichen suchten. Manche Ideen flossen direkt in die Netzgeschichte ein, manche indirekt, wieder andere Konzepte scheiterten, oder wurden bis heute gar nicht verwirklicht.

Hinter dem World Wide Web, soviel bleibt festzuhalten, steht jedenfalls ein eng vermaschtes Gewebe von Ideen und Personen, von Männern, von Frauen, von Menschen aus Wissenschaft, Wirtschaft, Kunst und Kultur. Wer auf dieses Gewebe blickt, kann besser verstehen, wie und warum die vernetzte Welt, in der wir heute, in den 2020er Jahren leben, eigentlich entstanden ist – und was vielleicht noch zu erwarten ist.

Genau darum geht es auch in *„Wer wob das Web"*. Mehr als 80 Personen, die maßgeblich für die Web-Geschichte waren, werden im Erzählteil vorgestellt und in den historischen Zusammenhang eingebettet. Wobei die Vorgeschichte in punkto (Wissens-)Netzwerke bereits um 1900 beginnt, die eigentliche technologische Entwicklung um 1945 einsetzt. Die Internetgeschichte wird von 1969 an bis in die frühen 1990er Jahre verfolgt, also den Boomjahren des World Wide Webs.

Als Endpunkt der Frühgeschichte des Webs bot sich die Zeit zwischen der Gründung von Google (1998) und dem Platzen der dot.com-Bubble an (2000): in dieser Periode wurde das Hypertext-Gebilde immer mehr zu dem Medium, das wir heute kennen. Zugleich dämmerte die Erkenntnis, dass es sich dabei nicht um einen vorübergehenden Trend handelte, sondern trotz mancher überspannter Erwartung von Investoren langfristige Auswirkungen in Aussicht standen.

Die bis zu diesem Punkt im Hauptteil dargestellte Personengeschichte von Internet und World Wide Web wird im Anhang mit einem kurz gefassten Personenlexikon erschlossen. Darin enthalten sind zudem einige Figuren, die im Haupttext nicht berücksichtig wurden.

Ergänzt wird dieses Lexikon von einem Glossar, das neben einigen technischen Standards auch zahlreiche inzwischen oft vergessene Begriffe aus Hacker-, DFÜ- und Net-Community erklärt. Manche Anregungen dazu stammen aus einem inzwischen ebenfalls historischen Werk, dem Wörterbuch „Net Jargon. Englisch für Internet" (1996), das deutschen Net-Surfern die Kommunikation im damals noch überwiegend englisch-sprachigen Web erleichtern sollte.

Um den vertieften Einstieg in die Netzforschung und die Biographien der Pionierinnen und Pioniere zu erleichtern, ist zudem eine kommentierte Bibliographie angefügt, wie auch ein kurzes Verzeichnis der wichtigsten historischen Dokumente zu Internet- und Web-Geschichte, die zum Glück alle online verfügbar sind.

Ansgar Warner,
Berlin im März 2024

> Teil 1
> Von der Utopie
> der Wissensmaschine
> bis zum Netz der Netze
> 1900 - 1966

> Der Traum
> von der
> universalen
> Bibliothek

Wir sind geneigt, beim Thema Netzwerke und Vernetzung an unsere Gegenwart zu denken – doch schon das 19. Jahrhundert war ein Jahrhundert der Netze: die Ausbreitung der Eisenbahn ging damals Hand in Hand mit dem Aufbau von Telegrafenlinien, im städtischen Umfeld entwickelten sich Stromnetz und bald auch das Telefonnetz.

Die Menschen erlebten nichts weniger als den Anbruch des Informationszeitalters – nicht nur die Geschwindigkeit der Kommunikation erfuhr eine ungeheure Beschleunigung, auch die Masse an Informationen nahm zu, und damit das Bedürfnis, Wissen zu ordnen und zugleich weltweit verfügbar zu machen. Die neuen technischen Möglichkeiten ließen einen Traum aufscheinen: wäre es möglich, eine universale Bibliothek zu errichten, immer aktuell, von überall aus erreichbar?

Anfangs stand bei diesen Überlegungen allerdings weniger die neueste Technik im Vordergrund als die strukturelle, logistische Durchdringung der Daten. So verwundert es kaum, das als Pionier des Informationsmanagements ein Mann gilt, der vom Berufsstand Jurist und Bibliograph war: nämlich der Belgier PAUL OTLET. Zusammen mit dem Pazifisten und Feministen HENRI-MARIE LA FONTAINE gründete Otlet gegen Ende des 19. Jahrhunderts das heute beinahe vergessene „INSTITUT INTERNATIONAL DE BIBLIOGRAPHIE", auch „MUNDANEUM" genannt – aus heutiger Sicht bereits eine Art World Wide Web des in Bibliotheken gespeicherten Wissens. In Brüssel legte man sich dafür mächtig ins Zeug, auch baulich: In dem 1898 eingeweihten „Palais Mondial" sollte das gesamte Schrifttum der Welt als Zettelkasten-Sys-

„Die permanente Enzyklopädie soll systematisch alle aktuellen Fakten umfassen. Sie entsteht durch das Verbinden einzelner Materialien, die über die relevanten Publikationen verstreut sind."[4]
(P. Otlet)

P. Otlet, 1937

> Paul Otlet
  (1868 – 1944)

> Henri-Marie
  La Fontaine
  (1854 – 1943)

> *Mundaneum*
  1898

Entwurfszeichnung
Pantotheca
P. Otlet, 1940

> *multi-
  mediale
  Mondo-
  thèque*

tem erfasst werden. Tatsächlich konnte man 1934 bereits mehr als 18 Millionen Karteikarten vorweisen. Dazu kam ein Presse- sowie ein Bildarchiv. Eine Art Enzyklopädischer Karteikasten stellte auf 64 x 67 Zentimeter großen Karten möglichst viele Wissensbereiche in standardisierter dreiteiliger Form dar, mit Titel, Inhalt und Verweisen, ähnlich den späteren Webseiten auf Wissensportalen wie Wikipedia. Das Kartenprinzip sollte die ständige Veränderung und Erweiterung ermöglichen, die Bearbeitung der Informationen fand in kollaborativer Form statt.

Ähnlich dem standardisierten HTML-Format für Webseiten und deren Verlinkungen gab es auch für den Zettelkasten des Mundaneums ein spezielles Archivierungsformat, genannt „REPERTOIRE BIBLIOGRAPHIQUE UNIVERSEL". Bei der Klassifizierung des Wissens half ein eigener Index namens „CLASSIFICATION DECIMALE UNIVERSELLE" mit Ober- und Unterkategorien.

In verkleinerter Form, nämlich als „MONDOTHÈQUE", sollte das Wissen des Mundaneums in multimedialer Form (Mikrofilm, Radio, Phonograph, etc.) auch schon in die Wohnungen von Privatpersonen gelangen, ähnlich wie später Terminals oder „Personal Computer". Das Motto von Otlet und La Fontaine lautete: per Wissensmanagement zum Weltfrieden – La Fontaine erhielt 1913 für seine Bemühungen sogar den Friedensnobelpreis.

> Willkommen
> im drahtlosen
> Zeitalter

Zu Telefon und Telegrafie stieß Anfang des 20. Jahrhunderts ein weiteres elektronisches Medium – der (Rund-) Funk. Das bot ganz neue Möglichkeiten zur Vernetzung, Kommunikation und Wissensvermittlung als Mikrofilm oder Karteikarte. Das 20. Jahrhundert würde das *„drahtlose Zeitalter"* sein (*„Age of the Wireless"*), hatte Funk-Pionier GULIELMO MARCONI schon 1899 prophezeit. Für einige Jahre behielt der italienische Erfinder das weltweite Monopol für Funktechnik, die anfangs vor allem zur drahtlosen Kommunikation zwischen Schiffen auf dem Meer oder zur drahtlosen Übermittlung von Nachrichten zwischen Europa und Amerika über den Atlantik genutzt wurde.

> Gulielmo Marconi
(1874 – 1937)

> Age of the Wireless
1898

Die technische Euphorie dieser Zeit ist auch noch in BERT BRECHTS Überlegungen zum Radio zu spüren, die der Dramatiker in den 1920er Jahren zu Papier brachte: Die große Chance liege darin, Kommunikation in beide Richtungen zu ermöglichen, einen *„großartigen Kommunikationsapparat des öffentlichen Lebens"* zu schaffen, so Brecht, *„ein ungeheures Kanalsystem"*, dass die Zuhörer *„in Beziehung"* zueinander bringen würde.[5]

> Bert Brecht
(1898 – 1956)

> Radiotheorie
1925

„Der Rundfunk wäre der denkbar großartigste Kommunikationsapparat des öffentlichen Lebens, (…) das heißt, er wäre es, wenn er es verstünde, nicht nur auszusenden, sondern auch zu empfangen."[6]
(B. Brecht, 1932)

Für das System der elektronischen Medien war der Schritt zur drahtlosen Telegraphie und später zum Rundfunk als Massenmedium tatsächlich ein Qualitätssprung – denn neben die Echtzeit-Kommunikation auf große Entfernung mit Hilfe von Kabelnetzwerken trat nun eine völlig neue Möglichkeit: jeder konnte gleichzeitig Sender und Empfänger sein.

In der Frühzeit des Rundfunks war das tatsächlich so, es wurde zum Beispiel in Sprechfunk-Pausen Musik von Schallplatten gesendet. Zudem arbeiteten einzelne Funk-

Schachspiel per Funkverbindung, New York/ Chicago 1922

anlagen wegen der begrenzten Reichweite als Relais-Stationen. So wurden etwa die Funksprüche der sinkenden Titanic im Jahr 1912 im Nordatlantik zunächst von Schiff zu Schiff weitergeleitet, bis sie auf den amerikanischen Kontinent ankamen.

Als Brecht seine Gedanken zum Radio formulierte, die wir heute als als „RADIOTHEORIE" kennen, war der Rundfunk als Massenmedium jedoch schon zum Einwegmedium geschrumpft – im Brechtschen Jargon: ein „*Distributionsmittel*" –, so wie wir ihn heute kennen. Niemand konnte und durfte mehr auf den offiziellen Wellen „dazwischenfunken". Brecht selbst adressierte den Hörer deswegen in der Praxis genau wie den Zuschauer im Theater, etwa in dem als Lehrstück gedachten Hörspiel „Der Ozeanflug". Mitdenken war erwünscht, mitreden dagegen nicht.

> Globales
> Gehirn
> gesucht

> Nikola
  Tesla
  (1856 – 1943)

> *Global
  Brain
  1926*

Die Elektrifizierung der Kommunikation ging einher mit der Entdeckung, dass auch im Gehirn Nervenimpulse mit elektrischen Strömen fließen. Die Idee, dass durch elektronische Medien und die Vernetzung der Menschen nicht nur eine Wissensmaschine, sondern ein globales Gehirn entsteht, lag somit seit Beginn des „drahtlosen Zeitalters" quasi in der Luft. So prophezeite im Jahr 1926 der Physiker und umtriebige Unternehmer NIKOLA TESLA: „*Wird drahtloser Funk konsequent eingesetzt, verwandelt sich der gesamte Planet in ein riesiges Gehirn.*"[7]

Dabei schienen Wissen und Macht ganz natürlich ineinander überzugehen – in geradezu göttlicher Perfektion. Über den Endzustand spekulierte Mundaneum-Pionier Paul Otlet ein Jahrzehnt später: „*Wer bräuchte noch Aktenschränke, wenn der Mensch zu einem allwissenden Wesen verwandelt würde, ganz nach der Art Gottes?"*[8]

Doch auch der Weg dahin versprach schon eine bessere Welt. Nicht zufällig gehörte Otlet in diesen Jahren zu den Befürwortern einer Weltregierung und unterstützte die Bewegung des UN-Vorläufers „Liga der Nationen" und ihrer Unterorganisation „International Committee on Intellectual Cooperation". Ähnlich der heutigen UNESCO sollte das ICIC die Zusammenarbeit und den Austausch von Wissenschaftlern, Forschern, Lehrern, Künstlern und Intellektuellen fördern. Der prominenteste Unterstützer einer weltweiten universalen Wissensmaschine war aber wohl der britische Science-Fiction-Autor H.G. WELLS, bekannt durch Romane wie „Die Zeitmaschine" oder „Krieg der Welten". Im Jahr 1936 kam mit der Aufsatzsammlung „WORLD BRAIN" ein neuer Bestseller dazu. Grundidee dieser Essays: eine ständig erweiterte „WELT-ENZYKLOPÄDIE" sollte alle Informationen frei zugänglich machen und dabei helfen, den Weltfrieden zu erhalten. Der „WORLD KNOWLEDGE APPARATUS" würde es H. G. Wells zufolge ermöglichen, Wissen zu schaffen und zu verbreiten, etwa mit der Hilfe von Mikrofilm: *„Jeder Lernende an jedem Ort der Welt wird ganz bequem in seinem Arbeitszimmer mit einem Projektor jedes Buch, jedes Dokument als eine exakte Kopie studieren können."*[9]

Der Science-Fiction-Autor ARTHUR C. CLARKE griff Wells Idee nach dem Zweiten Weltkrieg wieder auf, und verband sie mit zeitgemäßer Computertechnologie: Terminals würden bis zum Jahr 2000 die Welt-Bibliothek für alle verfügbar machen, so Clarkes These im Jahr 1962.[10] Das Weltwissen würde bis zum Ende des 21. Jahrhunderts Teil des weltweiten Gehirns sein, einer allgemeinen künstlichen Intelligenz, die politisch und gesellschaftlich aktiv in das Geschehen eingreift. Als Ort zur Installation des globalen Nervenzentrums schlug Arthur C. Clarke die „ehemaligen" Kommandozentralen der Supermächte USA und UdSSR vor.[11] „Ehemalig" natürlich nur in einer denkbaren Zukunft, geprägt von friedlicher Kooperation statt Kaltem Krieg.

> **H.G.Wells**
> (1866 – 1946)

> ***Welt-Enzyklopädie* 1936**

> ***World Knowledge Apparatus* 1936**

> **Arthur C. Clarke**
> (1866 – 1946)

> ***Von der Welt-Bibliothek zum Supercomputer***

```
> Vom
> Manhattan-Project
> zu Memex
```

Memex-Apparat
V. Bush
1945

> **Vannevar Bush**
> (1890 – 1974)

> *Memex*

Vannevar Bush, ca. 1945

Doch schon der historische Startschuss für die modernen digitalen Netzwerke hing viel eher mit Atombombe, Kriegswirtschaft und Supermacht-Strategien zusammen als mit Weltfrieden und friedlicher Koexistenz. Kaum war der zweite Weltkrieg beendet, da präsentierte das amerikanische Life-Magazine seinen Lesern im November 1945 die Abbildung einer futuristischen Apparatur, deren Aussehen an eine Jahrmarktsattraktion erinnerte. Die hybride Mischung aus klobigem Mikrofilm-Lesegerät und archaischem Personal Computer gilt mittlerweile als zentrale Ikone des anbrechenden Informationszeitalters: Die Öffentlichkeit erlebte die Epiphanie eines neuen Mediums, das allerdings erst mehr als dreißig Jahre später seine Inkarnation als gebrauchsfähige Hardware erleben sollte.

Die Abbildung in Life illustrierte einen Essay des Ingenieurs VANNEVAR BUSH, der unter dem Titel „AS WE MAY THINK" („Wie wir denken werden") bereits kurz zuvor in der Zeitschrift Atlantic Monthly erschienen war. Bush taufte seine universelle Wissensmaschine „MEMEX", eine Abkürzung für „Memory Extender". Den Historiografen von Silicon Valley gilt „As we may think" mittlerweile als eine Art Magna Charta von Hypertext und World Wide Web.

Mit Bush besitzt die Gemeinde der Informatik-Enthusiasten jedoch einen äußerst ambivalenten Gründungsvater. In den Massenmedien war der wortkarge Pfeifenraucher bereits während des Krieges als ebenso kauziges wie geheimnisvolles Genie inszeniert worden. Collier's Weekly präsentierte ihn Anfang 1942 vollmundig als „*the man who may win or lose the war*". Was Bush genau machte, wurde dagegen erst nach dem Krieg bekannt: Er zog hinter den Kulissen die Fäden rund um das geheime „Manhattan Project" zum Bau der ersten Atombombe. Bush-Biograph G. Pascal Zachary nennt ihn wohl nicht zu Unrecht in einem Atemzug mit dem „Cigarette Smoking Man" aus der Fernsehserie „X- Files": Bush könne geradezu als Erfinder des militärisch-industriellen Komplexes gelten.[12] Gleich nach der Katastrophe von Pearl Harbour hatte er im Auftrag von Präsident Roosevelt begonnen, natur- und ingenieurwissenschaftliche Fakultäten, das Militär und Industrieunternehmen miteinander zu vernetzen. Doch der Ingenieur im Kriegseinsatz war nicht nur ein guter Kontakteknüpfer. Er interessierte sich sehr früh auch schon für den effektiven Umgang mit dem modernen „information overflow".

> „Auf der Schreibtischoberfläche befinden sich zwei angeschrägte, transparente Bildschirme, auf denen Material zur bequemen Lektüre angezeigt werden kann, sowie ein Reihe von Knöpfen und Hebeln"[15]
(V. Bush, 1945)

Viele wichtige Erfindungen, so schreibt Bush in seinem Essay, würden oft für lange Zeit nicht weiterentwickelt oder sogar mehrfach gemacht, weil sie in dem Wust an Informationen niemand mehr wahrnehme. In „As we may think" träumte Bush von einer Technologie, die Informationen in jeder Form durch ASSOZIATIVE PFADE („associative trails") verknüpfen und speichern konnte. Nichts sollte im Meer des Wissens mehr verloren gehen – die Hyperlinks des Internetzeitalters lassen grüßen. *„Die Dinge miteinander zu verknüpfen, darum geht es"* (*„The process of tying two items together is the important thing"*), postulierte Bush.[14] Tatsächlich war es das erste Mal, dass elektronische Datenverarbeitung und assoziative Kreativität gedanklich so konsequent miteinander verbunden wurden. Zur Darstellung der Informationen stellte sich Bush eine Art Sichtschirm vor, der mit zahlreichen Hebeln und Knöpfen gesteuert wurde.

> **Assoziative Pfade 1945**

> „Werden verschiedene Dokumente miteinander zu einem Pfad verbunden, kann man sie der Reihe nach betrachten, indem man einen Hebel umlegt."[13]
(V. Bush, 1945)

Insofern ist es kein Wunder, dass der Memex-Mythos auch Bushs zentrale Rolle bei der Entstehung der heute üblichen digitalen Arbeitsumgebungen hervorhebt. Die Computerpioniere der nächsten Generation, insbesondere

Doug Engelbart und Ted Nelson, berichten jedenfalls, in den Fünfziger- und Sechzigerjahren von „Memex" inspiriert gewesen zu sein.[16] Vannevar Bush dachte jedoch in anderen Dimensionen als die idealistische „Hacker"-Generation, die sich von den Großrechnern des militärisch-industriellen Komplexes emanzipieren wollte. Bereits „As we may think" bewegt sich in einer Grauzone ziviler und militärischer Anwendung. Bush demonstriert darin so etwa die Leistungsfähigkeit von „Memex" am Beispiel einer historisch-technischen Recherche zum Thema Bogenschießen. Was zunächst nur skurril wirkt, hat jedoch einen makabren Hintergrund: Bush hatte ein berufliches Interesse an möglichst effizienten militärischen „Wirkmitteln", ob es nun verbesserte Artilleriegranaten mit Näherungszünder waren oder Methoden zum „silent killing".

```
> Grandmother Nerds &
> weibliche Netzwerke
```

> „Schon lange bevor wir Netzwerke als eine Erweiterung unserer selbst zu verstehen lernten, übten unsere Urgroßmütter genau die Funktionen aus, die später den Computer entstehen ließen."
> (Claire Evans)

Prominente Grandfather Nerds gibt es viele, doch was ist eigentlich mit den Grandmother Nerds? Die gibt es auch – allerdings sind sie von der bisherigen Historiographie meist ignoriert worden. Dabei waren sie eigentlich ebenso unübersehbar wie unverzichtbar. Denn als Ende des 19. Jahrhunderts die sogenannten „Hollerith-Maschinen" per Lochkarte lediglich addieren, subtrahieren und sortieren konnten, verstand man unter dem Begriff „Computer" in den USA eine menschliche Rechenkraft, die nach vorgegebenem Muster – sprich einem Algorithmus – aufwändige Berechnungen mit Papier und Bleistift durchführen konnte, etwa in der Astronomie, später auch für angewandte Naturwissenschaften.

In der Regel waren die „Rechner" aber wohlgemerkt „Rechnerinnen". Parallel zum Einsatz von Frauen als

Schreibkräfte und Stenotypistinnen und als Vermittlerinnen für die großen Telefongesellschaften wurden auch diese als monoton geltenden Aufgaben an Frauen delegiert. Auf ganz ähnliche Weise kam Frauen dann eine besondere Rolle zu, als die ersten Rechenmaschinen in Betrieb gingen – sie übernahmen die Bedienung und Dateneingabe.

Welche Bedeutung Frauen zu dieser Zeit für den Wissenschaftsbetrieb hatten, zeigt der inoffizielle Ausdruck „Kilogirl", mit dem man während des Zweiten Weltkriegs in der US-Forschungseinrichtung National Defense Research Committee (NDRC) eine Menge von 1.000 Stunden manueller Rechenzeit bezeichnete. Die meisten Frauen hantierten allerdings als sehr konkrete „Netzwerkerinnen" mit Ohrhörer und Stöpselbrett, waren doch die Telefongesellschaften zum größten Arbeitgeber für weibliche Arbeitskraft avanciert. Die Zahl weiblicher „telefon operators" für handvermittelte Gespräche stieg in den USA zwischen 1891 und 1946 von 8.000 auf 250.000 Personen.

„Frauen waren die ersten Computer; zusammengenommen bildeten sie die ersten Informationsnetzwerke", fasst es US-Historikerin Claire L. Evans in ihrer Studie „Broadband: The Untold Story of the Women who made the Internet" zusammen. Was eine bemerkenswerte Folge hatte, so Evans weiter: *„Der Rechner wie wir ihn heutzutage kennen wurde benannt nach den Menschen, die er ersetzt hat."*[17]

Zugleich wurde durch diesen Prozess die Vorgeschichte inklusive des Gender-Aspektes unsichtbar. Insofern war eigentlich auch die scheinbar außergewöhnliche Karriere der Mathematikerin und Navy-Leutnantin GRACE HOPPER in Harvard keine Ausnahme. Im Basement des dortigen Physikfachbereichs wurde in den frühen 1940er Jahren unter der Leitung von Mathematiker HOWARD AIKEN der legendäre Mark I-Computer betrieben, nach Konrad Zuses Z1 der zweite digitale Großrechner überhaupt. Im Vordergrund standen ballistische Berechnungen für das Militär. Die heutige strikte Trennung zwischen Hardware und Software gab es noch nicht. Programme wurden per Hand geschrieben,

Telefonistinnen, ca. 1925

> *1 Kilogirl = 1.000 Stunden weibliche Rechenarbeit*

> Grace Hopper (1906 – 1992)

Grace Hopper, um 1960

> **Modernes Coden entsteht**

> **ENIAC-Six Betty J. Jennings, Elizabeth Snyder u.a.**

dann auf ein Lochkartenband übertragen. Handbücher oder Programmiersprachen kannte man ebensowenig. All das wurde zu Hoppers Aufgabe. Sie war nicht nur für die Eingabe von Programmen zuständig, sondern sorgte überhaupt erst für die zur Arbeit mit dem Rechner notwendige Dokumentierung. So entstand ein voluminöses Handbuch mit Schaltkreis-Diagrammen und Codierungshilfen. Von Anfang an suchte Grace Hopper nach Möglichkeiten, strukturierter und effektiver an die Arbeit heranzugehen – und schuf damit die Grundlagen für das moderne „Coden", von Syntaxregeln über Sub-Routinen bis hin zur Code-Kommentierung.[18]

Zu den Berechnungen, die mit dem Mark I ausgeführt wurden, gehörten auch spezielle Aufgaben für den Physiker John von Neumann, der im Rahmen des Manhattan Projects an der Herstellung der Atombombe arbeitete. Eine ähnlich wichtige Rolle spielten an der Universität von Pennsylvania gleich sechs Frauen als „computer operators", darunter BETTY JEAN JENNINGS und ELIZABETH „BETTY" SNYDER, nach dem dortigen Elektronengehirn auch die „ENIAC SIX" genannt. Grace Hopper wiederum war es dann, die nach dem Krieg Anfang der 1950er Jahre den ersten „Compiler" entwickelte. Dank dieser cleveren Anwendung überließ man es nun dem Computer, für Menschen leichter zu benutzenden Programmieranweisungen in maschinenlesbaren Code, auch „Maschinensprache" genannt, zu übersetzen.[19]

Als Ende der 1950er Jahre die Programmiersprache COBOL eingeführt wurde, war Grace Hopper noch einmal federführend beteiligt. Zunächst sollte die Sprache eine gemeinsame Grundlage für alle Computer im Umfeld des US-Verteidigungsministeriums und ihrer Forschungseinrichtungen darstellen. Bald jedoch wurde sie zum internationalen Programmier-Standard. Schätzungen zufolge waren bis Ende des 20. Jahrhunderts 80 Prozent aller Programme in COBOL geschrieben.

Der Vorsprung von Frauen im Digitalen Sektor hielt

aber nicht sehr lange an, vor allem seitdem die „Computer Sciences" sich an den Universtäten im Umfeld der traditionell männerdominierten Ingenieurswissenschaften etablierten. Zwar machten Frauen im akademischen „IT"-Bereich um 1960 noch ein Drittel bis die Hälfte aller Angestellten aus, doch zunehmend nur noch als technisches Personal, während die Männer die Karriereleiter nach oben kletterten – darunter viele der späteren „Väter des Internets".[20]

```
> Mensch und Computer
> im intergalaktischen
> Netzwerk
```

JCR Licklider gilt wohl zu Recht als einer von ihnen. Der vielseitig interessierte Psychoakustiker begann sich am MIT schon früh mit dem Verhältnis zwischen Mensch und Maschine, zwischen Vernunft und Computer zu beschäftigen. Im Electrical Engineering Department machte „Lick" in den 1950er Jahren erste Erfahrungen im Umgang mit Großrechnern, im Kreis um den Kybernetiker Norbert Wiener gelangte er dann zu seinem späteren Lebensthema, der „MENSCH-COMPUTER-SYMBIOSE" („Man-Computer-Symbiosis"). Bereits Wiener vertrat die These, Computer würden den Menschen in Zukunft nicht ersetzen, sondern den menschlichen Geist unterstützen und verstärken. Als am MIT das „Time Sharing" eingeführt wurde, was erstmals die direkte Interaktion mit dem Computer ermöglichte, machte das erst zu Recht großen Eindruck auf Licklider. Zuvor war der Kontakt mit der Maschine dem autorisierten Bedienpersonal vorbehalten, das die Lochkarten der Benutzer in Empfang nahm. Für das Lincoln Laboratory des MIT, einem militärischen Forschungszentrum, arbeitete Licklider Ende der 1950er Jahre an der Entwicklung des

> J. C. R. Licklider
(1915 – 1990)

> *Mensch–Computer–Symbiose*
(1960)

J.C.R. Licklider
(ca. 1960)

> **SAGE-Projekt (1960)**

SAGE-Zentrale (1968)

> **vernetzte Denkzentren (1960)**

„Die Mensch-Computer-Symbiose dürfte die nächste Entwicklungsstufe in der kooperativen Interaktion zwischen Mensch und Computer sein. Sie bedeutet die enge Verkopplung von menschlichen und elektronischen Partnern."[22] (J. C.R. Licklider, 1960)

SAGE-SYSTEMS (Semi Automatic Ground Environment), einer Art grafischen Benutzeroberfläche für die Luftraumüberwachung durch die US Air Force. Damit konnten Radardaten von hunderten Flugzeugen nun von angelernten „Laien" auf Bildschirmen angezeigt, bewertet und per Lichtgriffel bearbeitet werden. Zu diesem Zweck wurden zahlreiche Großrechner an verschiedenen Orten des Landes miteinander verbunden. Das SAGE-Prinzip ließ sich grundsätzlich natürlich auch auf andere Daten anwenden. Licklider begann, zukünftige „Denkzentren" („thinking centres") zu entwerfen, sprich vernetzte Datendisplays, die interaktives Arbeiten am Computer ermöglichten. In seinem einflussreichen Konzeptpapier „MAN-COMPUTER-SYMBIOSIS" von 1960 heißt es: *„Wir hoffen, dass in wenigen Jahren menschliche Gehirne und Rechenmaschinen eng miteinander verknüpft werden. Diese Partnerschaft wird ein Denken ermöglichen, wie es der Mensch alleine nie vollbracht hat, und Datenverarbeitung in einem Maß, wie es heutige Maschinen zur Informationsverarbeitung nicht annähernd erreichen."*[21] Mensch und Maschine, so Licklider, würden beim Treffen von Entscheidungen zusammenarbeiten. Schließlich kam noch der Netzwerk-Gedanke hinzu.

In Folge des Sputnik-Schocks ernannte man Licklider zum Leiter des „Command and Control"-Bereichs der ARPA (Advanced Research Projects Administration). Diese Abteilung der Pentagon-Forschungsabteilung war für das Thema Datenverarbeitung zuständig. Dort entstand Lickliders Idee einer leicht ironisch „INTERGALACTIC COMPUTER NETWORK" genannten Kommunikationsstruktur. Denn für Echtzeit-Interaktion im großen Stil, das hatte das SAGE-Projekt gezeigt, brauchte man ein funktionsfähiges Netzwerk aus vielen Computern, die miteinander Daten austauschen konnten.

Nicht zufällig sollte der Impuls zum Aufbau des Internet-Vorgängers ARPAnet dann Mitte der 1960er Jahre genau von diesem Ort kommen, inzwischen auf Lickliders

Initiative umbenannt in „IPTO", „Information Processing Techniques Office". Ein Jahr bevor der erste ARPAnet-Knoten 1969 eingerichtet wurde, veröffentlichte Licklider ein aktualisiertes Paper: „The Computer as a Communication Device" – darin fand sich die Prognose, digitale Netzwerke der Zukunft würden ganz neue Formen von „interaktiven Online-Communities" entstehen lassen, in denen man mit Gleichgesinnten kommunizieren und sich vernetzen könnte. Jeder werde in diesen Netzwerken seinen Interessen nachgehen, die ganz Welt des Wissens würde dort offen für alle zugänglich sein.

> „Schon bald werden wir effektiver durch Maschinen kommunizierenals von Angesicht zu Angesicht."[23] (J.C.R. Licklider, 1968)

> Online-Communities (1968)

> Digitale Denkwerkzeuge
> für die Massen

Diese „Denkarbeit" mit dem Computer war allerdings kaum vorstellbar ohne eine angemessene Nutzererfahrung – sprich die direkte Interaktion mit den Daten, die auf einem Bildschirm angezeigt werden. Prinzipiell hatte Vannevar Bush 1945 in seinem berühmten Essay „As we may think" bereits so etwas ähnliches im Sinn, allerdings ohne dabei an Computertechnik und Datennetze zu denken. Dass man Daten überhaupt auf eine Bildröhre projizieren könnte, war zu diesem Zeitpunkt selbst für die meisten Fachleute noch unvorstellbar. Beim jungen Radartechniker DOUG ENGELBART machte es jedoch bereits 1950 „Klick" im Kopf.
Er hatte direkt nach Kriegsende Vannevar Bushs Essay gelesen, und nach einem Elektrotechnik-Studium die Idee assoziativ mit den ihm bekannten Radar-Bildschirmen verknüpft. Denn dort wurden ja bereits Daten in Echtzeit angezeigt. Was Engelbart nun vorschwebte, war nichts weniger als eine neue Technologie zur Erweiterung und Ergänzung der geistigen Fähigkeiten, „augmented intellect"

> Douglas Engelbart (1925 – 2013)

Douglas Engelbart (1968)

> **Augmented Intellect (1962)**

"Wir empfehlen, Menschen direkten Zugang zu einem digitalen Computer mit Röhrenbildschirm zu geben, und neue Methoden für das Denken und Arbeiten zu entwickeln."[25]
(D. Engelbart, 1962)

> **oNLine-System mit Maus-Steuerung (1968)**

> **„Mother of all Demos" zeigt vernetztes Arbeiten (1968)**

genannt. Bereits in den 1950er Jahren entstanden so am Stanford Research Institute mehrere Versionen einer Ideenskizze, die im Jahr 1962 schließlich unter dem Titel „AUGMENTING HUMAN INTELLECT: A Conceptual Framework" veröffentlicht wurde. Ähnlich wie Licklider vertrat dabei auch Engelbart die Ansicht, Computertechnik würde das Denken nicht einfach ersetzen, sondern vielmehr unterstützen: *„Jeder Mensch, der seine Gedanken mit Hilfe von Symbol-Konzepten in Form bringt (ob nun als Sprache, Piktogramm, formale Logik oder Mathematik) dürfte davon in außergewöhnlichem Maß profitieren."*[24]

Das ging eindeutig in die Richtung der Mensch-Computer-Symbiose. So war es auch kein Wunder, dass JCR Licklider (inzwischen zum Chef des „ARPA Information Processing Techniques Office" ernannt), nach der Lektüre von „Augmenting Human Intellect" prompt Projektgelder an Engelbart vergab. Weitere Finanzhilfe kam von der NASA. Mit dieser Hilfe gründete Engelbart in Stanford sein eigenes „Augmentation Research Center".

Eine der ersten Entwicklungen dort war ein Zeigegerät auf Rollen, das mehrere Knöpfe besaß, und wegen des mäuseschwänzchen-artigen Kabels am oberen Ende bald den Namen „Mouse" erhielt. Danach entstand bis 1968 ein grafisches Betriebssystem, „oNLINE SYSTEM" (NLS) genannt. Maus und NLS wurden im Dezember 1968 erstmals der Fachöffentlichkeit vorgestellt. Die Präsentation ging als „MOTHER OF ALL DEMOS" in die Geschichte der Datenverarbeitung ein, und ist als 30minütiger Film überliefert.[26] Das Publikum erlebte bei diesem Event, wie Engelbart gemeinsam mit anderen Kollegen, die per Telefonleitung mit einem Großrechner verbunden waren, Dokumente mit Hilfe von Copy-Paste bearbeitete, Graphiken einfügte, Layouts veränderte, Audio- und Video-Elemente einfügte und sogar verschiedene Dokumente per Hypertext-Link miteinander verknüpfte. Die Tageszeitung „San Francisco Chronicle" berichtete am nächsten Tag darüber mit der Überschrift „Fantastic World of Tomorrow's Computer".

```
> Auf dem Weg
> nach Xanadu
```

Bei dem Wort „Hypertext" denken Digital Natives sofort an das World Wide Web mit seinen unendlichen Verlinkungen, die per Mausklick von Dokument zu Dokument führen. Die ursprüngliche Idee datiert jedoch viel weiter zurück als dieser durch „HYPERTEXT-MARKUP-LANGUAGE" (HTML) geprägte Teil des Internets. Schon Mitte der 1960er Jahren entwarf Computerpionier Ted Nelson das Konzept der Vernetzung von Texten:

> **Ted Nelson**
> (*1937)

> **Hypertext**
> **(1965)**

„Unter dem Wort Hypertext verstehe ich eine Sammlung von Texten oder Bildern, die auf solch komplexe Weise miteinander verbunden sind, dass man es nicht angemessen in Papierform darstellen könnte. Das Material kann Zusammenfassungen enthalten, den Inhalt und dessen wechselseitige Verbindungen verdeutlichende Karten, Anmerkungen, Zusätze. Solch ein System könnte unbegrenzt wachsen, und dabei mehr und mehr des schriftlich fixierten Wissens unserer Welt enthalten."[27]

Ted Nelson
(2011)

Informationen mit Hilfe von grafischen Benutzeroberflächen zu recherchieren, zu bearbeiten und zu verknüpfen war kurz darauf tatsächlich bereits technisch möglich, wenn es auch hohen Aufwand erforderte.

Im Jahr 1967 entstand an der privaten Brown-University (Rhode Island) ein erster Prototyp namens HES („HYPERTEXT EDITING SYSTEM"), neben Ted Nelson war daran auch Andries von Dam beteiligt, der zugleich als Schöpfer des Begriffs „E-Book" gilt (tatsächlich sind bis heute die Kapitel von E-Books miteinander verlinkte HTML-Seiten). Die mit HES erzeugten Dokumente gingen über alles hinaus, was es bisher gegeben hatte: am Computer-Bildschirm ließen sich mit Hilfe von Tastatur und Lichtgriffel komplexe Textstrukturen aufbauen und nutzen, die Verweise in Form von Hy-

> **Hypertext**
> **Editing**
> **System**
> **(1967)**

HES-System,
Brown University,
1967

> **Projekt Xanadu**

perlinks enthielten, denen man folgen konnte. Die Weltraumbehörde NASA nutzte die später in „FILE RETRIEVING AND EDITING SYSTEM" (FRESS) umbenannte Technologie, um die Datenflut des Apollo-Programms in den Griff zu bekommen.

Nelsons Hypertext-Konzept – in Kombination mit dem dafür notwendigen Computer-Netzwerk „PROJEKT XANADU" genannt – ging sogar noch viel weiter als das Memex-Konzept von Vannevar Bush, es sah so z.B. die Möglichkeit zum Kommentieren vor, die automatische Erfassung aller eingehenden und ausgehenden Verlinkungen (also eine Art „Zwei-Wege-Verlinkung", die ins Leere laufende Links verhindert), sowie die Vergütung von Urhebern. Das mit Hilfe von Hypertext realisierte Text-Universum nannte Nelson das „DOCUVERSE". Trotz vieler Versuche, das Konzept in den 1970er und 1980er Jahren mit Unterstützung staatlicher und privater Geldgeber auf den Markt zu bringen, hat sich diese komplexe Hypertext-Variante allerdings nie durchsetzen können.

\> **Teil 2**
\> **Datennetze werden Wirklichkeit**
\> **1966 - 1990**

```
> Ad-hoc-Lösung
> mit Folgen:
> ARPAnet-Projekt
```

Doch man sollte sich von hehren Ansprüchen („Zugang zum weltweiten Wissen für alle") oder technischen Versprechungen („Direkte Interaktion mit dem Computer") nicht blenden lassen. Nicht nur das World Wide Web, selbst Personal Computer waren Ende der 1960er Jahrer ja noch reine Utopie. Die Motive zur Gründung des Internet-Vorgängers ARPANET stellen sich deutlich prosaischer dar. Wenn auch nicht so direkt militärisch orientiert, wie oft behauptet wird – denn die Unverwundbarkeit der Kommunikationsnetzwerke im Fall eines Atomkriegs stand nicht im Fokus. Allerdings war das ARPAnet eben ein Projekt des US-Verteidigungsministeriums. Die gesamte „ADVANCED RESEARCH PROJECTS ADMINISTRATION" hatte schließlich zur Aufgabe, die militärische Forschung im Bereich von Zukunftstechnologien voranzutreiben. Computertechnik spielte dabei eine ganz besondere Rolle – innerhalb der ARPA gab es dafür das bereits erwähnte „BÜRO FÜR INFORMATIONSTECHNIK" (ICPTO).

Logo der ab 1972 mit einem D für Defense ergänzten Advanced Research Projects Agency (DARPA)

Dessen Leiter BOB TAYLOR – Nachfolger von Licklider – trug im Jahr 1966 ARPA-Direktor Charles Herzfeld einen Netzwerk-Pitch vor, der in die Geschichte eingehen sollte als ideeller Startschuss für das Internet. Dabei ging es jedoch nicht um das Überleben im Atomkrieg, sondern viel eher um das Überleben im technisch komplizierten Büroalltag. In Taylors Büro gab es einen „Terminal-Room" mit drei Bildschirmen und Tastaturen, die per Datenleitung mit drei Großrechnern an verschiedenen Standorten an der Ostküste verbunden waren.

> Robert Taylor (1932 –

> „ARPanet-Pitch" (1966)

Der ICPTO-Direktor besaß nicht umsonst diesen direkten Draht zur Crème de la Crème der universitären Computerforschung in den USA. Denn fast das komplette

IBM 2741
Terminal,
1965

jährliche Budget seiner Abteilung, damals knapp 19 Millionen Dollar, floss ein Netzwerk aus etwa 20 Forschern und deren Doktoranden an einer Handvoll Universitäten an Ost- und Westküste. Tatsächlich lief damals auch bereits ein wachsender Teil der internen Kommunikation dieses elitären Zirkels per Chat von Terminal zu Terminal, in der Regel aber nur direkt vor Ort.

Taylors lange Leitung zu den drei Großrechnern war insofern purer Luxus, allerdings nicht ohne Tücken, so beschreiben es Katie Hafner und Matthew Lyon in ihrer Studie „WHERE WIZARDS STAY UP LATE" zur Frühgeschichte des Internets: *„Da gab es ein modifiziertes IBM Selectric Typewriter Terminal mit Standleitung zum MIT in Cambridge. Ein Model 33 Teletype Terminal, eine Art Metallschrank mit lautem Fernschreiber darin, war mit einem Rechner an der University of California in Berkeley verbunden. Und ein weiteres Terminal, Model 35, gab Zugang zu einem Computer in Santa Monica, Kalifornien. Genannt AN/FSQ 32XD1A, Spitzname Q-32, eine Riesenmaschine, von IBM für das Strategic Air Command gebaut".*[28]

Das bedeutete drei verschiedene Arbeitsumgebungen, drei verschiedene Programmiersprachen, drei verschiedene Betriebssysteme, und natürlich drei verschiedene Log-In-Prozeduren. Zugleich wuchs der Bedarf der Wissenschaftler, auf unterschiedliche Rechnerkapazitäten zuzugreifen. Könnte man mit einer einheitlichen Vernetzung all dieser Rechner nicht viele Probleme auf einmal beheben? Taylor schlug dem ARPA-Chef also vor, die knappen und teuren Ressourcen zu bündeln. Und behauptete schnell noch: *„Es lässt sich leicht umsetzen, und wir wissen auch schon, wie wir es machen können."*

> **Von der Idee zum konkreten Netzwerk**
Nach 20 Minuten hatte er von Direktor Herzfeld grünes Licht für sein Projekt erhalten, inklusive eines Startbudgets von einer Million Dollar. Dass alles nicht ganz so einfach – und nicht ganz so billig – werden würde, zeigte der weitere

Verlauf der Geschichte. Der erste Netzknoten überhaupt wurde erst drei Jahre später, im Jahr 1969 aktiviert. Denn außer der Idee, wie es gehen könnte, hatte Taylor anfangs nichts in der Hand. Doch das sollte sich bald ändern. Denn immerhin wusste Taylor, an wen er die Management-Aufgabe delegieren konnte, nämlich einen gewissen LARRY ROBERTS am Lincoln Lab. Der junge, talentierte Computerwissenschaftler hatte im Auftrag der ARPA bereits einen Feldversuch durchgeführt. Es war demnach grundsätzlich möglich, Informationen von Computer zu Computer zu übertragen. Doch wie verknüpfte man viele unterschiedliche Rechner, und das mit hoher Datenrate und schneller Reaktionszeit?

> **Larry Roberts**
(1937 – 2018)

> **ARPanet-Program Manager**

Von Roberts sind Entwurfszeichnungen für das ARPAnet überliefert, die diverse Universitätsstandorte der Ostküste mit Strichen verbinden, manche Strukturen sind ringförmig, manche sternförmig, andere erinner an die Maschen eines Fischernetzes. Tatsächlich hatten auch bereits andere Wissenschaftler über diesem Problem gebrütet, insbesondere PAUL BARAN, ein UCLA-Absolvent, der seit 1959 für die RAND Corporation arbeitete, und schließlich ins ARPAnet-Team aufgenommen wurde. In einem seiner frühen Papers ging es Baran um die Überlebensfähigkeit der USA nach einem Atomkrieg, vor allem um die Kommunikationnetze. „*Wenn Krieg jenseits von einer Schwarz-Weiß-Logik nicht das Ende der Welt bedeutet, dann folgt daraus dass wir die Grauschattierung dazwischen so hell wie möglich machen sollten. Und das heißt, wir müssen jetzt planen, wie wir das Zerstörungspotential minimieren*", schlussfolgerte Baran damals.[29] Er verband in seinen bald darauf im Jahr 1964 vorgestellem Konzeptpapier „On Distributed Communications"[30] gleich drei zukunftsweisende Ideen, die zentrale Elemente der Internet-Logik vorwegnahmen:

— den Übergang zu digitaler Datenübermittlung, um Schwankungen bei der Signalqualität auszugleichen

— die engmaschige Vernetzung, um einzelne Störungen zu kompensieren

> **Paul Baran**
(1926 – 2011)

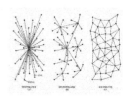

Zentralisiertes, dezentralisiertes, verteiltes Netzwerk. P. Baran, 1964

> Digitale
Vernetzung,
Fischernetz-
Struktur,
Aufteilung
der Daten
in Pakete
(1964)

Kontrollpanel des ersten Interface Message Processors, 1969

> Wesley
Clark
(1927 - 2016)

> Interface
Message
Processor
(IMP)

ARPAnet-Schema mit IMPs im Zentrum, 1969

— und nicht zuletzt die Aufteilung der Information selbst in überschaubare einzelne Pakete, um Datenverluste weiter zu minimieren.

Damals waren bestehende Netzwerke – wie etwa das AT&T-Telefonnetz – hierarchisch gegliedert, sie hatten ein Zentrum, von dem alle Wege ausgingen, und eine Peripherie, ähnlich wie Nahverkehrssysteme mit zentralem Umsteigebahnhof. Ohne ein funktionsfähiges Zentrum brechen solche Kommunikationsstrukturen schnell zusammen. Barans Netzwerk ging einen neuen Weg, ähnlich wie Larry Roberts: jeder Netzknoten wurde mit mehreren anderen Netzknoten verbunden. Heutzutage nennt man das ein „verteiltes" Netzwerk. Um herauszufinden, wie engmaschig ein widerstandsfähiges Netzgeflecht sein musste, ließ Baran zahlreiche Simulationen laufen, und bekam am Ende heraus: bereits ein Vermaschungs-Faktor von drei oder vier (d.h. jeder Knoten ist mit drei oder vier anderen verbunden) machte die Verbindungen äußerst robust gegen Störungen. Dieses Konzept wurde dann tatsächlich auch Grundlage der ARPAnet-Planung.

Ein wichtiges Detail zur Verwirklichung der Netzwerk-Idee fehlte jedoch auch 1967, also ein Jahr nach dem Netzwerk-Pitch, immer noch. Wie sollten die Großrechner miteinander sprechen? Eine direkte Verbindung würde bedeuten, dass Teile der knappen Rechenzeit für die Aufrechterhaltung der Kommunikation bereitgestellt werden müssten. Das behagte den Computerwissenschaftlern der einzelnen Universitätsstandorte überhaupt nicht. Ein besonders prominenter unter ihnen war Wesley A. Clark von der Washington University St. Louis, auch bekannt als Entwickler von LINC, einem der ersten Minicomputer. Clark schlug als Alternative vor, den Nachrichtenaustausch an spezielle Netzwerk-Computer zu delegieren. Die Idee kam gut an bei den Kollegen, die solche Relaisstationen bald „Interface Message Processor" (IMP) tauften. So entstand der erste Plan eines „ARPA net", das eigentlich ein „Subnetz" aus lauter miteinander verbundenen IMP-Relaisstationen war. Vier Standorte sollten in einem ersten Schritt auf diese Weise zusammengebracht werden: UCLA (Los Angeles), SRI (Standford), die University of Utah (Salt Lake City), und die University of California (Santa Barbara). Fehlten nur noch die IMPs – im Jahr 1968 wurde schließlich nach einer Ausschreibung das Beratungsunternehmen BBN (Bolt, Beranek & Newman, Cambridge, Mass.) damit beauftragt, solche Netzwerk-Computer zu bauen.

> **Auf dem Weg zum Internet-Protokoll**
Zeitgleich mit dem Bau der ersten Netzwerk-Computer begann zwischen den Forschern der ersten vier geplanten Arpanet-Standorte die Abstimmung über die technischen Feinheiten, mit denen die Kommunikation zwischen den unterschiedlichen Rechnern ermöglicht werden sollte. Der UCLA-Mathematiker STEVE CROCKER gab mit einem „REQUEST FOR COMMENTS" („RFC") den Anstoß zu diesem offenen Aushandlungsprozess über die Neztwerkstandards, der bis heute fortdauert. Die inoffizielle Gruppe der Teilnehmenden nannte sich bald „NETWORK WORKING GROUP" (NWG). Auch über Begriffe einigte man sich, allen voran das Wort „Protocol" (eine Anleihe beim „diplomatischen Protokoll") – so wurden von nun an alle Standards genannt, auf die man sich einigte.

Der allererste Internetstandard überhaupt, eingeführt im Jahr 1970, war dann das allgemeine „NETWORK CONTROL PROTOCOL" (NCP), dazu kamen spezielle Funktionen wie etwa das Terminal-Protokoll TELNET (mit dem man sich bis heute in einen entfernten Rechner einloggen kann) sowie das Dateien-Austausch-Programm FTP (FILE-TRANSFER-PROTOCOL) und das MAIL BOX PROTOCOL/FTP-MAIL (die ersten E-Mail-Standards).

Das Netzwerk war zu diesem Zeitpunkt noch vergleichsweise winzig. Im Herbst 1969 wurden die ersten beiden IMP-Relaisrechner überhaupt aufgestellt, der erste in Los Angeles, der zweite in Stanford. Am 1. Oktober wagte man den ersten Versuch, eine Verbindung aufzubauen: von ei-

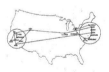
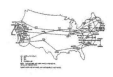

ARPAnet-Entwicklung (von oben n. unten) 1969, 1971, 1977

> **Steve Crocker** (*1944)

> *Network Working Group, Request for Comments*

nem Sigma-7-Rechner in Los Angeles wurde über den ersten ARPA-Link von IMP Nr. 1 zu IMP Nr. 2 in Stanford das Kommando „LOGIN" an einen dortigen SDS-940-Rechner geschickt. Beim ersten Mal gab es zwar bald einen Computercrash, doch immerhin: die Buchstaben „LOG" waren übertragen worden. Beim zweiten Anlauf gelang der Login. Am 1. November wurde in Santa Barbara die dritte Relaisstation installiert, im Dezember kam Netzknoten Nummer vier in Utah dazu. Mit einer Verbindung zur BBN-Zentrale in Massachussetts gab es dann die erste Westküsten-Ostküsten-Verbindung, die vor allem zur Fernwartung der Netzwerkcomputer genutzt wurde.

> **Das ARPA-net geht an die Öffentlichkeit**

> ARPAnet-
> Demo,
> ICCC 1972

Zu Beginn der 1970er Jahre ähnelte das ARPAnet langsam einem richtigen Netzwerk, wenn auch noch recht weitmaschig. Immerhin knapp zwei Dutzend Netzknoten an Universitätsstandorten im ganzen Land waren in Betrieb. Außer Test- und Wartungsbetrieb war aber auf dem Datenhighway nicht viel los. 1971 wurden im Schnitt 675.000 Datenpakete pro Tag hin- und hertransportiert, lediglich zwei Prozent der damaligen Gesamtkapazität von 30 Millionen möglicher „Packages". Dabei gab es an jedem Standort eine Menge Ressourcen, die sich zu teilen lohnten. Was tun? ICPTO-Chef Larry Roberts kam zu dem Entschluss, dass eine öffentliche Zurschaustellung dieser Möglichkeiten her musste, um mehr Nachfrage zu erzeugen. Mittel zum Zweck sollte die „1ST INTERNATIONAL CONFERENCE ON COMPUTER COMMUNICATION" (ICCC) sein, die im Oktober 1972 im Washingtoner Hilton Hotel angesetzt war. Den Auftrag zur Umsetzung der ersten Internet-Demo erhielten BOB KAHN von BBN sowie AL VEZZA vom MIT.

An den Universitäten machten sich die Computer-Abteilungen Gedanken darüber, welche Programme und Ressourcen man der Öffentlichkeit präsentieren könnte, und Techniker bereiteten die notwendige Vor-Ort-Vernetzung vor, so dass dann an den zweieinhalb Tagen der ICCC-Ta-

```
1. To connect the TIP to BBN Tenex, type:
   @r [LF]              Resets the TIP, terminal-dependent setup here.
   @L [SP] 69 [LF]      Cause TIP LOGGER to connect to BBN, HOST #69.
   BBN-TENEX 1.29.6, SYSTEM-A EXEC 1.43

2. To login to Tenex, type:
   @ login [SP] iccc [CR]   At sign ("@") is Tenex's prompt character. Is
                            name "iccc".
   (PASSWORD) iccc [CR]     Use the password "iccc"; it will not print.
   (ACCOUNT #) 11514 [CR]   Use account number 11514.
   JOB 1 ON TTY103 2-SEP-72 16:39
```

Login-Hilfe im ARPAnet-Programm-heft, 1972

gung mehr als 40 Terminals im Veranstaltungsraum zur Verfügung standen. Das Konzept ging auf. Mehrere hundert Besucher kamen in den Tagungsraum des Hilton Hotels, sahen und staunten – die ARPA konnte die erste „Live-Vorführung" des jungen Internets als echten Erfolg verbuchen. Rückblickend steht das Event direkt neben der „Mother of all demos", mit der vier Jahre zuvor Doug Engelbart die vernetzte, interaktive Computernutzung inklusive Mauszeigegerät erstmals einem Publikum vorgeführt hatte.

Scenarios for using the ARPAnet, B. Metcalfe, 1972

Von der ARPAnet-Demo gibt es zwar keine Filmaufnahmen, es existiert aber noch eine Art „Programmheft" („SCENARIOS FOR USING THE ARPANET"). Dort hatte Bob Metcalfe vom Network Information Center beispielhaft Programmressourcen, Login-Prozeduren und Nutzungmöglichkeiten beschrieben, die an den Terminals im Veranstaltungsraum benutzt werden konnten. Wer wollte, konnte dort etwa Zugang zu Datenbanken erhalten oder per Tastatureingabe mit einem entfernten Großrechner Schach spielen. Ein besonders Highlight waren neben einem Geographie-Trainer für Schüler und Conways Simulationsspiel „Game of Life" dabei zwei frühe Chat-Programme. Neben dem Psychoanalyse-Bot „ELIZA" von Computerpionier JOSEPH WEIZENBAUM war auch der psychopathisch veranlagte virtuelle Gesprächspartner „PARRY" online, entwickelt vom Psychologen und KI-Forscher KENNETH COLBY. Als ganz besonderen Gag schaltete man beide Chat-Bots zusammen – und ließ sie in einen Online-Dialog treten.[32]

„Die Vorführung war ein spektakulärer Erfolg, da alles hervorragend funktionierte. Viele Besucher erlebten, dass die ARPAnet-Technologie 'wirklich real ist', und nahmen diesen Eindruck mit nach Hause."[31]
(DARPA-Report A History of the ARPAnet, 1981)

Im Jahr 1977 waren bereits mehr als hundert Rechner über das ARPAnet verbunden, doch immerhin ließ sich das gesamte Netz noch auf einem Blatt Papier darstellen.
In Form von Zickzacklinien sind zwei Satellitenverbindungen erkennbar, zum einen Richtung Hawaii, zum anderen in Richtung Europa (Norwegen/NORSAR und London). Neben Universitäten wie Stanford, Harvard oder der UCLA tauchen auf dem Plan auch etwa XEROX, das Pentagon und die NSA auf.

> Hypertext macht mobil:
> Die Dynabook-Utopie

Nicht nur das Netzwerk entwickelte sich, auch der Computer veränderte sein Gesicht. Über Umwege floss das NLS-Konzept von Doug Engelbart seit Ende der 1960er Jahre in die Entwicklung des „Personal Computers" ein, der die Arbeit mit Terminals ablöste, die an einem Großrechner angeschlossen waren. Wichtigste Zwischenstation bildete die im PARC-Forschungszentrum des Büromaschinen-Konzerns XEROX gebaute „Xerox Alto"-Workstation. Beteiligt war daran neben zahlreichen Ex-Mitarbeitern von Engelbart vor allem ALAN KAY, der eine besonders radikale Idee vertrat – nicht nur persönliche, einfach zu benutzende Computer, sondern kleine, tragbare Geräte, so groß wie ein heutiges Laptop. Dieses „DYNABOOK" sollte kinderleicht zu bedienen sein – eine Projektskizze von 1972 trug den Titel „A PERSONAL COMPUTER FOR CHILDREN OF ALL AGES".

Das Dynabook sollte auch netzwerkfähig sein, etwa durch die Verbindung mit dem ARPAnet oder anderen Netzwerken, vor allem aber den Nutzer bei der täglichen Arbeit unterstützen: *„Wir glauben, ein Großteil des Gebrauchs wird bei diesem persönlichen Medium in der reflexiven Kommunikation des Benutzers mit sich selbst bestehen, ganz so wie es bisher bei Papier und Notizbuch geschieht".*[33] Ein tragbarer Minicomputer war zu diesem Zeitpunkt allerdings noch ein Ding der Unmöglichkeit – allerdings überzeugte Kay das Xerox-Management, dass man das Konzept auch mit Hilfe einer technischen Zwischenlösung erproben könnte. Das Ergebnis war der noch 1972 fertiggestellte Prototyp Xerox Alto mit einer grafischen Benutzeroberfläche, Fensterdarstellung und Mausbedienung, die sich vom Look & Feel her sehr stark an Engelbarts „Mother of all Demos" aus dem Jahr 1968 orientierte. Besonderer Hingucker aus heutiger Sicht: die 1974 entwickel-

> Alan Kay
> (*1940)

> *Dynabook: tragbarer Minicomputer 1972*

Kinder nutzen das Dynabook (Skizze)

„Eine Kombination dieses tragbaren, überall nutzbaren Gerätes und eines weltweit verfügbaren Informations-Dienstes wie dem ARPA-Netz oder Zweiwege-Kabel-TV wird die die Bibliotheken und Schulen, ja schlicht die ganze Welt in die eigenen vier Wände bringen."[34]
(A. Kay, 1972)

> *Xerox Alto Personal Computer mit Netzwerkanbindung (Ethernet) 1972*

Alto Workstation
Xerox, 1972

te WYSIWIG-Textverarbeitung „Bravo", deren Dokumente in Verbindung mit dem ebenso am PARC entwickelten Laserdrucker direkt ausgedruckt werden konnten.

Über die Netzwerk-Software „ETHERNET" – eine weiter PARC-Entwicklung – konnte man nicht nur auf Drucker via Netzwerk zugreifen, sondern auch Dokumente zwischen einzelnen Workstations austauschen.

Wie es sich für den Kopiermaschinen-Hersteller Xerox gehörte, war der Bildschirm hochkant aufgestellt, um perfekt ein weißes Blatt Papier im US-Letter-Format zu simulieren. Tatsächlich war ein auf dem Alto angezeigtes Dokument und dessen Ausdruck zu 100 Prozent deckungsgleich. Der Weg vom Alto zum Personal Computer verlief allerdings nicht direkt, denn Xerox entschied sich aus Kostengründen, einen einfacheren Minicomputer in Kombination mit einem Typenraddrucker als Standardpaket für den Büroeinsatz zu vermarkten.

Die rund 1.000 produzierten Alto-Rechner wurden aber zugleich zahlreichen Geschäftspartnern und Interessenten vorgeführt, darunter waren Ende der Siebziger Jahre auch Apple-Gründer STEVE JOBS und Microsoft-Chef BILL GATES – deren grafische Benutzeroberflächen im Rahmen von Apple-Computern und Microsoft-PCs etwa ein Jahrzehnt später die Impulse vom PARC aufnahmen.

> Projekt Resource One:
> Frühe Sprünge über den
> den digitalen Graben

Der persönliche Zugang zu einem Computer war lange Zeit nur ein Traum, der persönliche Zugang zu einem Computer-Netzwerk ebenso. Doch schon vor der Ära von Personal Computer und dem Web als Massenmedium gab es erste Versuche, mit Hilfe von Großrechnern und Terminal-Verbindungen und Time-Shharing sogar eine Art von sozialem Netzwerk avant la lettre zu ermöglichen. Nicht ganz zufällig spielten sich diese Experimente in Kalifornien ab, genauer gesagt in San Francisco. Hier kamen Hacker- und Hippie-Kultur zusammen – sowie ein XDS-940 Mainframe-Rechner. Eine Gruppierung namens „RESOURCE ONE", die als Hauptquartier ein ehemaliges Warenhaus nutzte, konnte auf diesem Weg an verschiedenen Orten der Stadt Terminal-Stationen betreiben. Man bot laut Handzettel ein „Kommunikationssystem, das es den Leuten erlaubt, untereinander Kontakte zu knüpfen je nach geteilten Interessen, ohne dass man dazu Verantwortung an andere abgeben muss."[35] Die Gruppe sprach dabei auch von einem „COMMUNITY MEMORY".

Der Aktivisten-Kreis um PAM HARDT-ENGLISH, LEE FELSENSTEIN, JUDE MILHON und EFREM LIPKIN stellte eine neue Generation von Hacker-Hipstern dar. Obwohl technisch versiert, hatten sie andere Ziele und weitergehendere Visionen als die Ur-Hacker vom MIT und anderswo: *„die Hacker-Ethik zu verbreiten, indem man Computer unter die Leute brachte"*, fasst es Steven Levy in seiner „Hacker"-Studie zusammen.[36]

Das „Community Memory" war eine Art schwarzes Brett, mit Hilfe der Befehle „ADD" und „FIND" ließen sich

> *Community-Memory Projekt 1973*

Community-Memory-Terminal bei Leopold's Records, Berkeley, 1975

> Pam Hardt-English
> (*1947)

> Lee Felsenstein
> (*1945)

> Jude Milhon
> (1939 – 2003)

> Efrem Lipkin
> (*1950)

> *Resource One Generalized Information Retrieval System (ROGIRS)*

„Wenn die Leute etwas brauchten, tippten sie es ein, und bekamen es. Benötigten sie Hilfe, wollten ein Auto gemeinsam nutzen, oder brauchten irgendeine Ressource, bekamen sie die."³⁷ (P. Hardt-English)

nach Rubriken geordnete Annoncen schalten, Inhalte auflisten und zudem ausdrucken. Relativ schnell erweiterten die Nutzer das Spektrum jedoch, um Nachrichten auszutauschen, Gedichte zu schreiben und regelrechte Online-Persönlichkeiten zu entwickeln und auszuleben. Das Projekt wurde mit großen finanziellen und personellen Resourcen etwa anderthalb Jahre aufrecht erhabten (1973 - 1975), zunächst stand das Terminal im Plattenladen Leopolds, danach im „Whole Earth Acess Store", ein zweites Terminal wurde in einer öffentlichen Bibliothek eingerichtet. Lee Felsenstein widmete sich dann einem Nachfolgeprojekt, nämlich einem Personal Computer Marke Eigenbau, der den Menschen zugleich die Vernetzung über Datenleitungen ermöglichen sollte. Der Arbeitstitel „Tom Swift Terminal" war inspiriert vom bastelnden und improvisierenden Sci-Fi-Helden Tom Swift, zugleich aber auch auch angeregt durch die Lektüre von Ivan Illichs Buch „Tools for Conviviality", das die Idee der Symbiose zwischen Nutzer und Werkzeug enthält.

„Community Memory" hatte sich sozusagen organisch aus den Info-Telefon und Karteikarten-Netzwerkbemühungen der Resource One-Gruppe entwickelt. Den Anstoß zur Computerisierung der Aktivitäten gab die in Berkley ausgebildete Computerwissenschaftlerin Pam Hardt-English, denn sie überzeugte ein Unternehmen davon, einen nicht mehr genutzten Großrechner zu spenden. Dann legten die Hacker-Hippies los. Die Nutzeroberfläche namens „The Resource One Generalized Information Retrieval System" (ROGIRS), geschrieben von Ephrem Lipkin, machte die Terminals schließlich zum Mittelpunkt der alternativen Szene. In der Rückschau bewies das nur zwei Jahre währende Experiment geradezu prophetische Kraft. *„Ein frühes Aufschimmern der wichtigen kulturellen Energie des Internets, Jahre bevor die meisten Menschen jemals überhaupt davon hörten"*, begeistert sich etwa Claire Evans in ihrer Netzpionierinnen-Studie „Broad Band".³⁸

Es gab nur ein praktisches Problem: die anderen Betreiber von Info-Telefonen in der Bay-Area wollten ihre analoge Methode beibehalten. Das selbst aufgestellte Terminal bei Leopold's Records jedoch war ein großer Erfolg, auch dank Jude Milhons unermüdlicher Überzeugungsarbeit in der Szene.

Auch nach dem Weggang der Mitgründerinnen Pam Hardt-English und Jude Milhon fand das Projekt eine Fortsetzung, ohne Terminal für die Nutzer, aber mit Computer-Hilfe im Hintergrund: ein reines Frauenteam organisierte eine Datenbank für Sozialarbeit und soziale Angebote in San Francisco und der Bay Area, das „SOCIAL SERVICES REFERRAL DIRECTORY". Es wurde monatlich ausgedruckt und verschickt, ganz analog per Post. Das wurde gerade deshalb zum Erfolg, die Nutzer holte man medial schlicht dort ab, wo sie sich befanden.

Der Ansatz der Hackerinnen von Resource One war insofern völlig anders als der ihrer männlichen Role-Models: hier wurde Technologie im Hintergrund und lokal angewendet, um möglichst vielen Menschen ohne Zugang zu Computern und Datenleitungen den Alltag zu erleichtern. Denn der vielbeschworene 'Acess to Tools' war eben Mitte der 1970er in Sachen Digitaltechnik kein Massenphänomen. Das Verzeichnis wurde tatsächlich sogar noch bis ins Jahr 2009 gedruckt und verteilt, erst dann ersetzte man es komplett durch eine Webversion.

> ### Die E-Post,
> ### das erste soziale Medium

> Ray
> Tomlinson
> (1941 – 2016)

> *E-Mail*
> *1971*

„Die größte Überraschung innerhalb des ARPAnet-Programms war die unglaubliche Popularität und der Erfolg von Netzwerk-Mail. Ohne Zweifel wird diese Techik sich landesweit verbreiten und drastisch die Kommunikationsweise im öffentlichen und privaten Sektor verändern."[39]
(DARPA-Report 'A History of the ARPAnet', 1981)

Während sich der Personal Computer seit Mitte der 1970er Jahre ausbreiteten, blieb der Zugang zu Computer- Netzwerken wie dem ARPAnet auf wenige tausend Personen beschränkt. Um die Ressourcen nutzen zu können, musste man in der Regel Mitarbeiter in einer Universität oder Forschungseinrichtung sein. Die Ausweitung des Internets durch Wissenschafts-Netzwerke wie CSNET und NSFNET seit 1980 machte es Privatpersonen nicht leichter, Anschluss zu erhalten. In Sachen sozialer Interaktion fungierte das Internet gleichwohl von Anfang als Trendsetter.

Das wichtigste Instrument dafür war E-MAIL, dessen moderne Grundlagen schon 1971 der MIT-Ingenieur RAY TOMLINSON legte. Dabei erweiterte er das bereits lokal verwendete SNDMSG-Protokoll zum Versenden von Nachrichten zwischen Terminals von Großrechnern um ein Dateiübertragungs-Programm namens CPYNET, das den Versand nun auch an entfernte Rechner über das Internet ermöglichte. Um solche Rechner überhaupt korrekt adressieren zu können, führte Tomlinson zugleich das @-Zeichen ein, um Benutzername und Rechnername zu trennen.

Einer der ersten Power-User war ARPA-Direktor STEPHEN LUKASIK, der herausgefunden hatte, wie enorm der schnelle Informationsfluss und der Meinungsaustausch zwischen den Forschern die tägliche Arbeit erleichterte. Eine von Lukasik in Auftrag gegebene Studie fand heraus, dass E-Mails im Jahr 1973 – also gerade mal zwei Jahre nach ihrer Erfindung – für 75 Prozent des Netzwerk-Traffics im ARPAnet sorgten. Bald kamen auch schon die ersten Mailing-Listen dazu, mithin eine frühe Form der „virtual community". Den Anfang machte neben der technische E-Mail-Aspekte betreffenden MSGGROUP die 1975 eingerichtete „SF-LOVERS"-LISTE, in der sich Sci-Fi-Fans unter den ARPA-Mitarbeitern austauschten. Das geschah mit offizieller Erlaubnis der Behörde, ging es doch darum, den Informationsaustausch in großen Gruppen auszuprobieren.

```
> Finden und gefunden
> werden im ARPANET
```

Wer eine E-Mail schicken wollte, musste die exakte Mailadresse kennen. Das wurde im wachsenden Netz zum Problem – ähnlich wie die Frage: wo sind welche Ressourcen vorhanden, und welche Adresse hat der jeweilige Rechner? Hier kam seit 1972 das NETWORK INFORMATION CENTER (NIC) ins Spiel, angesiedelt in Stanford, Tür an Tür mit Doug Engelbarts AUGMENTATION RESEARCH CENTER. Wer dort anrief oder per Post (später auch per E-Mail) nachfragte, bekam kompetente Auskunft von JAKE FEINLER oder einer ihrer Mitarbeiterinnen. Die Informationswissenschaftlerin war federführend verantwortlich für das Adressbuch („White Pages") und Branchenbuch („Yellow Pages") des ARPANET: *„Lange bevor die für uns alltäglichen Suchmaschinen existierten, war das NIC das Google seiner Zeit, und Jake dessen menschlicher Algorithmus, die einzige Person die genau wusste wo sich irgendetwas befand",* so Netzhistorikerin Claire Evans. *„Ohne den Service des NIC war es nahezu unmöglich, sich durch das ARPANET zu bewegen; Host-Sites hängten ihre Ressourcen nicht an die große Glocke, und was es überhaupt vor Ort gab, war im ständigen Fluss."*[40]

Das an der zentralen Schaltstelle des ARPANET – von den männlichen Rechenzentrums-Administratoren misstrauisch beäugt – Frauen die Hauptrolle spielten, könne dabei nicht als Zufall gelten: denn bei dieser Arbeit seien eben keine Ingenieure gefragt. *„Frauen sind sehr gut darin, mit Informationen umzugehen, sie haben ein Auge für die Details",* hat es Feinler selbst versucht zu erklären.[41] Die Infor-

> Jake Feinler (*1931)

> *Network Information Center 1972*

Elizabeth J. Feinler im NIC-Office, ca. 1972

„Wenn man nicht wusste, wo eine Information zu finden war, gab es nur einen Weg, man musste sich an das Network Information Center wenden."[42] (Jake Feinler)

> *Domain Name System*

> *WHOIS-Protokoll*

```
I think that I
shall never see/
A graph more
lovely than a
tree./
A tree whose
crucial property/
Is loop-free
connectivity./
A tree which must
be sure to span/
So packets can
reach every LAN.
(...)⁴³
(R. Perlman,
Algorhyme)
```

> **Radia Perlman** (*1951)

R. Perlman (2009)

mationen ständig auf dem Laufenden zu halten und zu kategorisieren erforderte einen extrem hohen zeitlichen Arbeitsaufwand, wobei das Netz selbst zumindest einiges erleichterte: so ließ sich auch per Chat und E-Mail Kontakt zu den Ansprechpartnern halten. Trotzdem waren Feinler und ihre Kolleginnen oft auf Reisen zu diversen ARPANET-Standorten, und nahmen an Sitzungen der Network Working Group teil. Die in diesem Kreis als „Request for Comment" (RFC) veröffentlichten Netzwerk-Standards wurden z.T. von Feinler mitgestaltet. So nahm Feinler maßgeblichen Einfluss auf die bis heute geltende Gestaltung von Domain-Namen mit ihren Endungen wie .mil, .gov, .org oder .com. Denn die Zuordnung einzelner Rechnernamen zu numerischen Adressen (ähnlich der Zuordnung von Personennamen zu Telefonnummern) mittels von per Hand aktualisierten Listen wurde immer schwieriger. Das einheitliche DOMAIN NAME SYSTEM des NIC schuf Abhilfe.

Das gedruckte ARPANET-Adressbuch und das Ressourcenverzeichnis erschien den Informations-Expertinnen in Standford aber ebenfalls immer unhandlicher, so dass schließlich eine technische Lösung nötig wurde: Feinler ließ 1982 am NIC einen Server einrichten, der sich mit dem Protokoll WHOIS etwa nach einzelnen Personen, deren Mail-Adresse, Telefonnummer und institutionellen Anbindung abfragen ließ.

Während die Registrierung von Domain-Namen seit den 1980er Jahren immer dezentraler organisiert wurde, ist das WHOIS-Protokoll bis heute aktiv, und liefert Hintergrundinformationen zu Internet-Adressen. Jake Feinler selbst leitete das NIC noch bis ins Jahr 1989 – mit ihrem Weggang aus Stanford nahm diese frühe Phase der „Zentralverwaltung" ihr Ende. Passend zur Kommerzialisierung des Internets in den 1990er Jahren wurde die Domain-Registrierung schrittweise privatisiert, so dass rund um den Globus unzählige regionale NICs entstanden. Für die administrativen Aufgaben gründete man die Non-Profit-Organisation ICANN (Internet Corporation for Assigned Names and Numbers).

Ein ganz ähnliches Talent, sich in Netzwerk-Strukturen hineinzudenken und deren Effizienz zu verbessern, bewies in den 1980er Jahren derweil die Mathematikerin und Computerwissenschaftlerin RADIA PERLMAN. Im Auftrag von Digital Equipment Corp entwickelte Perlmann einen Algorithmus, der bis heute dafür sorgt, dass der Datenverkehr in größeren lokalen Netzwerken keine unnötigen Umwege nimmt, sondern sich über baumartige Verzweigungen den kürzesten Weg sucht („SPANNING TREE PROTOCOL"). Die Netzwerk-Expertin verewigte das Prinzip dieses Protokolls zugleich in in einem Gedicht namens „ALGORHYME" (siehe Randspalte), das den Grundgedanken sehr schön auf den Punkt bringt.

> *Spanning Tree Protokoll 1984*

> E-Book-Download
> via Internet, Anno 1971

Wie vielfältig das Internet von Anfang an war, zeigt eine Parallele – kaum war das Netz an den Start gegangen, wurden auch schon elektronische Bücher über Datenleitung verbreitet und geteilt. Die Geburtsstunde des „PROJECT GUTENBERG" fällt auf den 4. Juli 1971 – denn an diesem Tag tippte MICHAEL S. HART den Text der „DECLARATION OF INDEPENDENCE" in das Terminal einer Xerox Sigma V-Großrechenanlage der Universität von Illinois. Die Schreibweise ist in diesem Fall tatsächlich historisch – denn der begrenzte Zeichensatz enthielt nur Großbuchstaben. Begrenzt war auch der Zugang zu einem der wenigen Computer im „Material Research Lab" der Universität. Doch freundliche Administratoren hatten dem Mathematik-Studenten zur Feier des Unabhängigkeitstages ein Account mit unbegrenzter Rechenzeit eingerichtet – was nach damaligen Standards einem Wert von mindestens 100 Millionen Dollar entsprach. Was konnte man mit solch einem

> *Michael S. Hart*
> (1947 – 2011)

> *Project Gutenberg 1971*

Michael Hart (2006)

> „Das ist ein Paradigmenwechsel – jeder Mensch hat nun die Macht, alleine zuhause den Text seiner Lieblingsbücher einzutippen und ihn an Millionen und Milliarden Menschen weiterzugeben. Das war zuvor nicht mal im entferntesten möglich."[45] (Michael S. Hart, 2002)

> **PC & Internet als Replikator-Technologie**

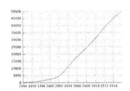

Zahl der von Project Gutenberg seit 1994 digitalisierten Klassiker.

Schatz anfangen? *„Michael kam zu dem Entschluss, dass er mit 'normaler Rechnerarbeit' nichts produzieren könnte, was der ihm geschenkten Menge an wertvoller Rechenzeit gleichkäme. Deswegen musste er einen Gegenwert in anderer Form schaffen. So verkündete er, der größte Wert einer Rechenmaschine wäre nicht das Rechnen, sondern das Speichern, Abrufen und Suchen der Informationen, die in unseren Bibliotheken gespeichert sind"*, so Hart über sich selbst in seiner Online-Projektskizze „The History and Philosophy of Project Gutenberg".[44]

Bei der Verbreitung des ersten E-Books der Welt konnte sich Hart auf eine weitere technische Errungenschaft stützen. Das „MATERIALS RESEARCH LAB" der Universität von Illinois war nämlich einer von damals 15 Netzwerkknoten im ARPANet. Theoretisch hätte Hart das erste E-Book der Welt deswegen sogar schon per E-Mail verschicken können. Doch mit fünf Kilobytes war die Datenmenge so groß, dass eine Überlastung des Netzwerks drohte. Deswegen informierte Hart seine Kollegen auf dem Wege der elektronischen Post lediglich, wo die Textdatei abgelegt war. Daraufhin wurde das erste E-Book von sechs Personen heruntergeladen. Damit war nicht nur technisch, sondern auch konzeptuell der Grundstein für das Project Gutenberg gelegt: Wenn alles, was in den Computer eingegeben wurde, sich in unendlicher Zahl vervielfältigen ließ, dann konnte man mit Hilfe dieser „Replikator-Technologie" und über die bestehenden Datennetzwerke so viele Bücher wie möglich für so viele Menschen wie möglich verfügbar machen, und zwar kostenlos. Das enthusiastische Mission Statement von Project Gutenberg lautete:

„Die Entstehung und Verbreitung von E-Books fördern."

„Die Überwindung von Unwissen und Analphabetismus unterstützen."

„Den Menschen so viele E-Books wie möglich geben."

Die unbegrenzte Verbreitung funktionierte freilich nur bei Texten, die nicht mehr urheberrechtlich geschützt waren. Michael Hart war zwar kein Freund des Copyrights, aber auch kein Datenpirat. Somit bestand und besteht die virtuelle Bibliothek des Project Gutenberg vor allem aus Werken, die vor 1900 geschrieben wurden.

Harts ambitioniertes Ziel bestand darin, bis zum Jahr 2000 mindestens 10.000 Bücher zu digitalisieren. Das schien Anfang der Siebziger Jahre reine Utopie, denn die Texte mussten mühsam abgetippt und auf Fehler überprüft werden. Bis 1987 kopierte der Gründer von Project Gutenberg in seinem modernen Skriptorium – zusammen mit fleißigen Helfern – auf diese Weise immerhin mehr als 300 Werke aus dem Bereich der Public Domain. Danach kamen dann auch Scanner und Texterkennungs-Software zum Einsatz. Doch letztlich sorgte erst das World Wide Web ab Mitte der 1990er Jahre für genügend Manpower und technische Ressourcen, um das hochgesteckte Ziel (beinahe) zu erreichen. Die Zahl von 10.000 digitalisierten Klassikern wurde nämlich 2003 tatsächlich realisiert.

```
> Schwarze Bretter, oder:
> Vernetzte Graswurzel-
> Revolution
```

Im Jahr 1978 erfanden die Hobby-Hacker WARD CHRISTENSEN und RANDY SUESS – Mitglieder des „CHICAGO AREA COMPUTER HOBBYISTS' EXCHANGE" – das erste „BULLETIN BOARD SYSTEM" (BBS). Also ein Online-Forum, das den Austausch von Dateien, Software (in der Regel Raubkopien) sowie von Nachrichten durch die Direktverbindung zwischen zwei Computern per Telefon ermöglichte. BBS funktionierte also, wie der Name schon nahelegt, ähnlich wie eine Art technisch erweitertes „Schwarzes Brett".

Sinnigerweise begann das alles während eines Schneesturms, der den Verkehr und den öffentlichen Raum lahmlegte – das Telefonnetz aber funktionierte zum Glück noch,

> Ward
Christensen
 (*1945)
> Randy
Suess
 (1945 – 2019)
> *Bulletin
 Board
 System
 (BBS)
 1978*

Akustikkoppler mit eingelegtem Telefonhörer, ca. 1978.

die Stromversorgung ebenfalls. *„Wir wollten anfangs einfach unsere Dateien austauschen, ohne uns per Post Kassetten zuschicken zu müssen"*, so Christensen rückblickend. *„Hätten wir nicht 30 Meilen voneinander entfernt gewohnt, wäre das alles wohl nicht passiert".*[46]

Als das Hacker-Duo sein Projekt Ende 1978 im Fachblatt „Byte-Magazine" vorstellten, lief das unter der Überschrift *„Hobbyists Computerized Bulletin Boards"*, „Hobby-Programmierer computerisieren Schwarze Bretter".

Der eigentliche Clou der ganzen Aktion war die Software zur Verwandlung der digitalen Daten in analoge akustische Signale namens MODEM bzw. XMODEM (eine verbesserte Version mit Fehlerkorrektur). Das Programm wurde von Christensen und Suess umgehend zu Public Domain erklärt, von weiteren Codern an alle möglichen Computersysteme angepasst, und löste den Startschuss für die weltweite BBS-Kultur der 1980er und 1990er Jahre aus.

```
> Usenet statt Internet:
> akademische Alternative
```

> Tom Truscott
> &
> Jim Ellis

> Usenet
> 1979

Diese Graswurzel-Bewegung sollte bald ein akademisches Pendant bekommen: im Jahr 1979 schufen TOM TRUSCOTT und JIM ELLIS, zwei Studierende der Duke University bzw. der University of of North Carolina, ein System für Online-Diskussionsforen, das als „USENET" („Unix User Network") bekannt wurde. Die einzelnen „Threads", also Diskussionsfäden, bezeichnete man dabei als „Newsgroup". Auch das Versenden von privaten Nachrichten zwischen den Diskussionsteilnehmern war möglich, man musste also nicht unbedingt öffentlich auf ein Posting antworten.

All das geschah auf Grundlage von Punkt-zu-Punkt-Verbindungen über das Telefonnetz, es wurden also Daten von Uni-Rechner zu Uni-Rechner übertragen. Im Jahr 1984 soll es bereits rund 71.000 Usenet-Terminals an US-Universitä-

```
.lrn 0.9.8.0 *** Press '?' for help, 'q' to quit. *** Server: localhost
1! -      5   53:[Peter Flynn ]  2 Re: Confused
2  D           6:[Christian Ga]    cool part
->  D  100   15:[David Kastru]    L->
4  -         20:[Christian Ga]    |->
[692/698 unread] Group: comp.text.tex                    — 9/222 (4%)
From: David Kastrup <dak@gnu.org>
Newsgroups: comp.text.tex
Subject: Re: cool part
Date: 24 May 2004 22:06:31 +0200

Christian Gammelgaard <cgammelXXX@stud.auc.dk> writes:

> Hello there
> Does anyone have a smart way to make a cool \part{} page?
> I have a boring one, where the number is reprecentet in roman..... and
> nothing else...

\usepackage{graphicx}
\renewcommand{\thepart}{\reflectbox{\Roman{part}}}

should be very cool.

--
David Kastrup, Kriemhildstr. 15, 44793 Bochum
UKTUG FAQ: <URL:http://www.tex.ac.uk/cgi-bin/texfaq2html>

1252 : Re: cool part                                     — 1/20 (All)
^PC:Pgdn  B:PgUp  u:Un-Mark-as-Read  f:Followup  n:Next  p:Prev  q:Quit
```

Typischer Diskussionsbeitrag im Usenet, wie er in einem Newsreader angezeigt wird. Der zitierte Beitrag wird wie im Usenet üblich vorangestellt und mit spitzen Klammern ausgezeichnet, der eigentliche Beitrag erscheint darunter.

ten gegeben haben, 1992 gab es mehr als 2,5 Millionen Usenet-Teilnehmer weltweit – aus einer spontanen Idee entwickelte sich wie von selbst eine *„textbasierte Unterhaltung, die von Campus zu Campus rund um den Globus strömte"*, so Howard Rheingold in seiner Studie „Virtual Community".[47]

Anders als das ARPAnet begann mit BBS-Netz und Usenet also etwas zu entstehen, das nicht „top down" von Staat oder Unternehmen organisiert wurde, sondern von den Computer-Nutzern selbst. *„Wie alle Graswurzel-Bewegungen wuchsen die Mailboxen vom Boden aus nach oben, verbreiteten sich selbst, und sind schwer wieder auszurotten"*, urteilt Howard Rheingold.[48] Anders als das Internet lasse sich solch eine Struktur nicht mehr abschalten, es sei denn man nehme es ein Kauf, das gesamte Telefonnetz lahmzulegen. Aus heutiger Sicht verhält sich das freilich etwas komplizierter. Denn das Telefon-Netzwerk war ja nur

> „Das Usenet ähnelt einer Herde von Elefanten mit Diarrhö. Es ist massiv, schwierig in andere Bahnen zu lenken, Ehrfurcht gebietend, unterhaltsam, und ein steter Quell von schwindelerregendem Unrat gerade dort wo man es am wenigsten erwartet."
> (Usenet-Admin Gene Spafford)

ein „Workaround" mangels anderer Möglichkeiten – als die Einwahlpunkte zum Netz der Netze Anfang der 1990er Jahre ins Kraut schossen, flossen die Usenet- und BBS-Daten immer öfter auch über die Glasfaser-Verbindungen des Internets.

```
> Bitnet, EARN & Co.:
> Vom Wuchern
> adademischer Netze
```

Während das ARPAnet in den 1980er Jahren weiter Netzknoten um Netzknoten wuchs, bildete sich mit dem BITNET-System zugleich ein weiteres akademisches Rechner-Netzwerk heraus, gesponsert von IBM. Also von genau jenem IT-Unternehmen, dass auch an Universitäten und Forschungseinrichtungen zu den wichtigsten Lieferanten von Computer-Hardware gehörte.

> Ira Fuchs & Greydon Freeman

> Bitnet/EARN

Die erste Verbindung wurde 1981 durch IRA FUCHS and GREYDON FREEMAN zwischen der City University of New York (CUNY) und der Yale University hergestellt. Dabei griffen man auf ein bereits von IBM intern genutztes Netzwerk-Protokoll zurück – was sich im Akronym „BIT / Because it's there" ablesen lässt. Das Netzwerk funktionierte recht simpel, die Daten wurden in fester Reihenfolge von Knoten zu Knoten weitergereicht. Für die angeschlossenen Institutionen war dies ein günstiger Weg der Vernetzung, ohne auf einen Zugang zum ARPAnet angewiesen zu sein. Zu den BITNET-Diensten gehörte E-Mail, Dateidownload und Relay Chat. So wuchs die Zahl der Netzwerkknoten bis Ende 1982 auf zwanzig an, bis Ende der 1980er Jahre zählte man knapp 450 in Nordamerika und in Europa (dort unter dem Namen EARN, European Academic and Research Network). Andere Weltregionen zogen nach, auf dem Höhepunkt der Entwicklung Anfang der 1990er Jahre standen mehr als 3.500 Netzknoten zur Auswahl. Über Telefonleitungen war dabei jeweils ein zentraler nationaler Knotenpunkt (in Deutschland etwa Darmstadt) mit den Zentralknoten anderer Länder (etwa in Paris oder London) verbunden.

Zu einem der „early adopter" dieses Netzwerks gehörte im Jahr 1984 der Yale-Studierende CHRIS CONDON: *„In meinem ersten Studienjahr stieß ich auf die Tatsache, dass Yale an ein akademisches Computernetzwerk namens BITNET angeschlossen war mit tausenden Mainframe-Netzknoten landesweit, ja sogar rund um die Welt ... In diesen Tagen, bevor Personal Computer sich verbreiteten und bevor man vom 'Information Superhighway' sprach, entdeckten wir auf diese Weise ein ganz neues Land."*[49]

EARN-Logo, 1987

In den folgenden Jahren sollte Condon im BITNET zu einer Berühmtheit werden, gab er doch mit Unterstützung seiner Universität ein als E-Mail-Magazin namens „NetMonth" heraus, das neben den redaktionellen Inhalten auch über Entwicklungen im BITNET informierte, neben neuen Netzknoten ging es dabei vor allem um netzinterne Mailinglisten, die auf der auch im ARPAnet genutzten LISTSERV-Software basierten. *„Zu Spitzenzeiten [1991] gab es weltweit mehr als 8.000 Abonnenten, was damals eine große Sache war"*, schrieb Condon Mitte der 1990er Jahre rückblickend über NetMonth.[50]

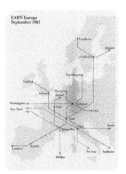

EARN-Karte mit internationalen Knotenpunkten (in Dtld.: Darmstadt)

Zu den besonderen Attraktionen im BITNET gehörte u.a. das von den französischen Studierenden BRUNO CHABRIER und VINCENT LEXTRAIT 1984 programmierte Multi-User-Dungeon-Rollenspiel MAD („Multi Access Dungeon"), das auf einem IBM-Mainframerechner in Paris lief. Über Gateways war das BITNET auch mit dem „ursprünglichen" Internet verbunden, so dass etwa E-Mails ausgetauscht werden konnten – somit war auch das BITNET bereits ein Teil vom „Netz der Netze".

In der internationalen Network Working Group und anderen Internet-bezogenen Gremien tobte derweil die De-

> Bruno Chabrier & Vincent Lextrait
> MAD-Rollenspiel im BITNET

batte über ein einheitliches Netzwerkprotokoll noch bis in die frühen Neunziger Jahre weiter, mit manchmal spektakulären Aktionen, wie etwa einem legendären Striptease von Vint Cerf, der unter seinem Anzug ein T-Shirt mit der Aufschrift „IP on everything" trug.

> **Virtuelle Communities**
> **per Do-it-Yourself**

> Dennis C.
  Hayes
  (* 1950)

> *Smart-
  Modem
  1981*

Hayes-Smartmodem,
erste externe
Version, 1982

Anders als in der akademischen Mainframe-Rechnerwelt mit ihren Direktverbindungen führte der Weg ins Netz für den mit einem Heimcomputer oder PC ausgestatteten Privathaushalt dagegen weiterhin über das Telefonkabel. Eine einfache technische Lösung, um Computer landesweit per Telefon miteinander zu vernetzen stand in den USA seit 1981 zur Verfügung – das automatisch wählende „HAYES SMART MODEM". Vor allem der Versuch von AT&T, das Telefonnetz unter Kontrolle zu halten, hatten diesen Weg zuvor versperrt, und der Umweg über klobige „AKUSTIKKOPPLER" notwendig gemacht, in die ein klassischer Telefonhörer eingelegt wurde.

Das ließ nicht nur Anbieter von Online-Services wie CompuServe auf den Plan treten, die auf ihren Plattformen aktuelle Nachrichten, Diskussionsforen und E-Mail-Service anboten. Die Erfindung von DENNIS C. HAYES erweiterte auch die Möglichkeiten von Einzelpersonen zur Bildung größerer virtueller Communities beträchtlich. Und ähnlich wie bei der Entwicklung des ersten PCs waren es auch hier Hipster-Hacker-Unternehmer-Figuren der kalifornischen Techno-Counterculture, die Mitte der 1980er Jahre einen der ersten Schritte wagten – der Arzt und Epidemidloge LARRY BRILLIANT und der Whole-Earth-Catalog-Herausgeber STEWART BRAND.

Brilliant war im Rahmen eines Entwicklungshilfe-Projekts auf Online-Diskussionsforen aufmerksam geworden, als er unterwegs bei einer Helikopterpanne Hilfe organisie-

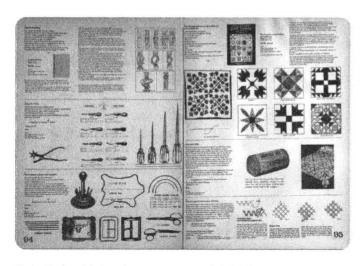

Whole Earth Catalog, Doppelseite, Herbst 1970.

ren musste und glücklicherweise einen Apple II dabei hatte, eine Spende seines Bekannten Steve Jobs. Diese Erfahrung führte zur Entwicklung und Vermarktung eines „COMPUTER CONFERENCING SYSTEMS" namens PICOSPAN, das dann wiederum für Hilfsprojekte im internationalen Rahmen eingesetzt wurde.

Bei einem Treffen mit Stewart Brand kam dann ein neuer Gedanke: eine Community rund um den „WHOLE EARTH CATALOG" zu bauen, und dabei auf das Netzwerk von smarten, interessanten Leuten zu bauen, das sich rund um Brands Mischung aus alternativem Do-It-Yourself-Handbuch und Versandhauskatalog gebildet hatte. Brilliant würde Geld und Ausrüstung zur Verfügung stellen, Brand seine Talent, Menschen zusammenzubringen und zu moderieren. *„Meine Idee war es, mit Hilfe dieser neuen Technologie alles was mit dem 'Whole Earth Catalog' zusammenhing zu diskutieren. Man kann ein soziales Netzwerk um alles mögliche herum haben, ob nun Schweizer Taschenmesser, Solaröfen oder sonstwas"*, erinnert sich Brilliant[51]. Brand allerdings erweiterte das Konzept noch etwas. Wenn man schon soviele spannende Leute zusammenbrachte, sollten sie selbst bestimmen, worüber sie sich

> **Stewart Brand**
(*1938)

> *The WELL Online-Community (1984)*

Whole Earth Catalog, Herbst 1970.

Mitgliedertreff The WELL, 1991. Im Vordergrund: Howard Rheingold

austauschen wollten. Der Whole Earth Catalog, von manchen heutzutage als eine Art Vorläufer des WWW in Papierform angesehen, gab auch den Namen für das Experiment her: „THE WELL", ein Akronym für „Whole Earth 'lectronic Link". Das Community-Experiment gelang, im Jahr 1987 – drei Jahre nach dem Start – gab es auf The WELL bereits eine breite Themenpalette und tausende Mitglieder. Die einzelnen „Konferenzen" genannten Diskussionsgruppen waren breit gefächert, sie reichten Internet-Historiker Walter Isaacson zufolge von *„den Grateful Dead bis zu UNIX-Programmierung, von Kunst bis Elternschaft, von Außerirdischen bis zu Software-Design"*.[52]

Zu den Grundprinzipien der dort gepflegten Diskussionskultur gehörte der explizite Verzicht auf Anonymität, es gab zwar Kurz- bzw. Spitznamen, der richtige Name der Teilnehmer war aber für alle anderen einsehbar. Die Erlebnisse dieser Gemeinschaft waren für viele Teilnehmer so prägend, dass mehrere mehrere Bücher entstanden, am prominentesten Howard Rheingolds bereits erwähnte Studie *„The Virtual Community - Homesteading on the Electronic Frontier"* (1995).

```
„Als ich jung war, da gab es diese großartige Publikation na-
mens Whole Earth Catalog, eine Art Bibel meiner Generation.
So etwas wie Google im Taschenbuch-Format, 35 Jahre vor der
Zeit. Es war idealistisch und randvoll mit klasse Tools und
klugen Erkenntnissen."
(Steve Jobs, 2005)
```

```
>„East Coast Hang Out":
> Onlinetreff für
> Nicht-Nerds aus NYC
```

Allerdings ist auch nicht jeder ein dreißigjähriger, weißer Mann, und nicht jeder liebt die Grateful Dead, wie die Internet-Historikerin Claire Evans zurecht anmerkt. So erfolgte im Jahr 1988 von New York aus die Gründung einer alternativen Online-Community, nicht zufällig durch eine Frau, die zugleich Computerwisserschaftlerin war, nämlich STACY HORN. *„Sie mochte zwar Computerwissenschaft studieren, doch wenn sie online ging, wollte sie sich über etwas anderes unterhalten. Stacy ging es um Themen wie Literatur, Film, Kultur, Zwischenmenschliches. Sie wollte einen Ort zum flirten, tratschen, diskutieren. Sie wollte auch andere Frauen um sich haben, und Freunde, die man vielleicht im richtigen Leben treffen kann. Allem voran wollte sie etwas, dass sich nach New York anfühlte, eher techno-hipsteraft als techno-hippiesk."*[53] So erklärt sich auch der Name der Gegen-WELLe: ECHO, alias „EAST COAST HANG-OUT". Die grundlegenden Konzepte hatte Horn via The WELL gelernt, was noch fehlte war die Technik – ECHO wurde auf UNIX-Grundlage programmiert. Mal abgesehen vom Geld – das privat beschafft werden musste, da Banken beim Wort Online und Community nur in hysterisches Lachen ausbrachen, und am Ende brauchte es natürlich noch die Nutzerinnen und Nutzer.

Letzteres löste Horn durch offensives Bewerben und Überreden auf alles möglichen sozialen und kulturellen Events, keine leichte Aufgabe da Modems noch teuer waren, selbst wenn man schon einen PC besaß, und man nach dem Login auch noch ein paar UNIX-Grundkenntnisse benötigte, was durch Crashkurse in Stacy Horns Apartment in Gree which Village gelöst wurde. Auch hilfreiche

> Stacy
> Horn
> (*1956)

Foxnews berichtet über Stacy Horn u. ECHO, 1990

> **ECHO
> Online-
> Community
> 1987**

„The Virtual Salon of New York City"
ECHO-Logo, 1996

Hacker fanden sich, um Software- und Hardware-Probleme der aufstrebenden neuen Plattform zu lösen. Die Nutzergemeinde bestand über aber überwiegend nicht aus Techies und Nerds, sondern aus der Künstler- und Intellektuellenszene New Yorks.

Der beginnende Internetboom seit 1991 brachte auch für ECHO den Durchbruch, so dass die Community Mitte der 1990er schließlich zwei Angestellte beschäftigte und 35 Telefonanschlüsse betrieb, während die Nutzerbasis von ein paar Hundert handverlesenen Mitgliedern bis auf ein paar tausend angestiegen war, die über Echo beispielsweise in der Zeitung gelesen hatten.

Horn blieb realistisch, was das Potential des Mediums betraf: „*Der Cyberspace, so unsere Erfahrung, würde nicht den Weltfrieden, Völkerverständigung und Tralala bringen. Es ist ein Medium, dass die Dinge so zeigt, wie sie sind, kein Medium dass die Welt radikal verändert*", so Horn in ihrem Erfahrungsbericht „Cyberville".[54]

Überschaubarkeit in einer begrenzten Community, ähnlich wie The WELL mit nur begrenzter Anonymität, schien aber doch Vorteile zu bieten für gesellschaftliche Interaktion: „*Wo alle mit großen Begriffen um sich warfen, Super Highway, Global Village der Millionen, da dachte ich darüber nach, wie schön eine Kleinstadt mitten in der großen Stadt sein würde. Echo könnte New York City wieder beherrschbar machen. So hab ich es mir immer vorgestellt, Echo als ein lokaler Ort zum gemeinsamen Abhängen.*"[55]

Dass sie die Leute auch vor Ort live treffen konnte, war offenbar ein wichtiges Argument: „*Hier waren also all diese großartigen Leute versammelt, aber ich wollte sie treffen, wirklich treffen. Ich möchte nicht nur über Filme sprechen, ich möchte mit Leuten ins Kino gehen.*"[56] Vor allem glänzte ECHO aber in Zeiten männlicher Internet-Dominanz mit Gender-Parität: Als Stacy Horn Echo gründete, wurde der Frauenanteil unter den Internetnutzern auf 10 bis 15 Prozent geschätzt. Bei Echo war das anders, hier machten Frauen wie in der realen Welt die Hälfte aller Personen aus.

> **Fernsehzuschauer werden**
> **zu vernetzten Wesen**

Während es also seit Beginn der 1980er Jahre in den USA privatwirtschaftliche Akteure waren, die Online-Communities vorantrieben, versuchte in Europa zur selben Zeit Vater Staat die Bürger in das digitale Netz einzuspinnen.

Text auf Bildschirmen gab es zu diesem Zeitpunkt schon – schließlich boten viele Fernsehsender in Europa einen VIDEOTEXT-Dienst an, wie wir ihn bis heute kennen. Anfangs wurde für den Datentransport die „Austastlücke" der alten Röhrenfernseher genutzt, also jene winzige Zeitspanne, die der Rasterstrahl braucht, um wieder an die Anfangsposition der Mattscheibe zu springen, um ein neues Bild zu zeichnen. Dieser Zeitspanne entsprach auch eine Lücke im Sendesignal. Füllte man diese Pause mit Zeichencode, konnte ein Decoder genannter Adapter im Fernseher dann diese Zeichen empfangen, zu einzelnen Informationsseiten zusammensetzen und speichern. Mit Hilfe der Fernsteuerung ließen sich diese Seiten dann abrufen.

> **Ceefax bringt Buchstaben auf den Fernseher**

Der Prototyp war vom britischen Philips-Ingenieur JOHN ADAMS ab 1971 für die BBC entwickelt worden, erste Testsendungen folgten ab 1973, ein Jahr später startete das Angebot im Vereinigten Königreich unter dem Namen „CEEFAX". Ein gestandener Journalist – Colin McIntyre – übernahm die Redaktion der Inhalte. So gab es aktuelle Nachrichten, Wetterberichte, Verbraucherinformationen und nicht zuletzt konnten Sendungen mit Untertiteln versehen werden. Wer entsprechende Zusatzgeräte besaß, konnte sogar „TELESOFTWARE" herunterladen, also Programme für den Heimcomputer. Ähnliche Angebote starteten in den folgenden Jahren in weiteren europäischen Ländern,

> **John Adams**
> **Ceefax**
>   Teletext
>   1973

Ceefax-Seite im traditionellen Layout, 2008

etwa der „Videotext" in Deutschland. Grafisch sahen alle diese Bildschirmtexte gleich aus, sie bestanden aus einem mehrfarbigen, 40x24-Zeichenraster auf Basis des vom Personal Computer bekannten ASCII-Codes inklusive „Klötzchengrafik". Auf diese Weise ließ sich theoretisch jeder Haushalt des Landes erreichen, ein Fernsehgerät mit entsprechendem Videotext-Adapter vorausgesetzt.

Was diesem Informationssystem freilich fehlte, war ein Rückkanal. Die Austrahlung über die Fernsehantennen war schließlich eine Einbahnstraße. Um mehr aus der Bildschirmtext-Idee zu machen, musste man den Fernseher mit dem Telefonnetz verbinden.

> Von Ceefax zu Prestel –
aus Videotext wird ein frühes Online-Medium

> Samuel Fedida
(1918 – 2007)

> Prestel Bildschirmtext
1979

Auch hier waren die Briten den Nachbarländern eine Nasenlänge voraus. Zeitgleich mit John Adams werkelte der Ingenieur SAMUEL FEDIDA bereits an einer Möglichkeit, die Mattscheiben der Nation zu einem Online-Medium zu machen. Die von ihm entwickelte „VIEWDATA"-Methode arbeitete dabei mit demselben 40 x 25 Zeichenraster wie der Teletext. Nur kamen die Zeichen dieser Informationsseiten über die Telefonleitung von einem Zentralrechner. Über eine Dockingstation und eine Tastatur konnte der Nutzer Daten mit der Zentrale austauschen – um etwa kommerzielle Dienste wie Online-Shopping oder Online-Banking zu nutzen oder um Text-Nachrichten an andere Bildschirmtext-Adressaten abzuschicken.

Als die britische Post ihr neues Angebot im Jahr 1979 offiziell startete, wurde es unter dem Namen „PRESTEL" vermarktet, ein Kofferwort aus „Press" und „telephone". Anders als der Videotext für alle blieb der Online-Bildschirmtext aber ein Misserfolg – in Großbritannien wurde nie die Schwelle von 100.000 Nutzern erreicht. So blieb den Briten bis heute am Ende vor allem der Videotext der BBC in Erinnerung, der weitaus größere Reichweite hatte und bis Anfang des 21. Jahrhunderts ausgestrahlt wurde.

> Bundesrepublik plus Bundespost
  gleich Bildschirmtext

In Westdeutschland lief es dagegen ein bisschen besser. Hier war der Bundespost-Manager ERIC DANKE bereits Mitte der 1970er Jahre auf die britische Technologie aufmerksam geworden – und bald sprang der gelbe Riese auf den Zug auf. Nach ersten Feldversuchen zu Beginn der 1980er Jahre startete 1983 das offizielle BTX-Angebot für die gesamte Bundesrepublik. Medienwirksam inszeniert drückte auf der Internationalen Funkausstellung in Berlin der damalige Bundespostminister Christian Schwarz-Schilling auf einen roten Startknopf.

Die öffentlichen Investitionen in die Infrastruktur waren beachtlich, das Netzwerk im Hintergrund umfasste neben einem zentralen Server („BTX Leitzentrale" in Ulm) bald landesweit örtliche BTX-Vermittlungsstellen, auf denen häufig aufgerufene Seiten gespiegelt wurden, um den Zugriff zu beschleunigen. Sogenannte „externe Rechner" von kommerziellen Anbietern konnten sich via Telefonnetz ebenfalls mit Btx-Vermittlungsstellen verbinden und eigene Inhalte einspeisen.

Allerdings hatte man die Latte sehr hoch gelegt: im Jahr 1986, so der Plan, wollte man bereits eine Million Nutzer versammeln. Erreicht wurden bis zu diesem Zeitpunkt jedoch nur knapp 60.000. In der Presse war in diesen Jahren nicht selten von der Verschwendung öffentlicher Gelder die Rede. Erst Mitte der 1990er Jahre knackte BTX die Millionenmarke, nur um kurz darauf vom Boom des World Wide Webs hinweggefegt zu werden. Das Problem war hierzulande ähnlich gelagert wie auf der britischen Insel: die Anschaffungspreise bzw. Mietkosten für die zur Nutzung notwendige Bildschirmtext-Hardware waren viel zu hoch, die Nutzungsgebühren ebenso. Die geringe Nutzerzahl wiederum führte aber dazu, dass nur wenige große Unternehmen kommerzielle BTX-Dienste einrichteten, etwa Reiseanbieter, Versandhäuser oder Banken. Die kritische Masse für Netzwerk-Effekte wurde so verfehlt.

> Eric Danke

> Bildschirmtext (BTX) 1980

BTX-Logo der Bundespost, 1980

Kombination aus Telefon und BTX-Terminal („Multifunktionales Telefon 12")

> **Bernard Marti** (*1943)

> *Téletel/ Minitel 1979*

> **Gérard Théry** (1933 – 2021)

> *Transpac-Netzwerk*

Minitel-Terminal, ca. 1982

> **Sexy und finanziell erfolgreich: Minitel erobert Frankreich**

Einen anderen Weg ging man in Frankreich – man verschenkte nämlich die staatlich subventionierten Terminals, konnten sie doch zur Telefonauskunft genutzt werden, und so die Druckkosten für Telefonbücher ersparen. Rein technisch lief die Entwicklung allerdings zunächst ganz ähnlich wie in Deutschland.

Der französische Ingenieur BERNARD MARTI hatte die britische Teletext-Technik seit Mitte der 1970er Jahre weiterentwickelt. Heraus kam eine grafisch ansprechendere, und zudem interaktive Variante, die man über ein Netzwerk abrufen konnte. Dieser Dienst wurde beim Start des ersten Pilotprojektes im Jahr 1979 offiziell „Téletel" genannt, die Franzosen sprachen bald aber nur noch von „Minitel" – der Bezeichnung für die Terminals mit Tastatur und Bildschirm.

Das „Transpac" genannte Minitel-Backbone, entwickelt vom Ingenieur GÉRARD THÉRY, diente dabei als Grundlage – es basierte dabei wiederum auf einem früheren Netzwerk namens Cyclades, mit dem die französischen Techniker erstmals das bald darauf auch im Internet genutzte Packet-Switching-Protokoll ausprobiert hatten.

Die französische Politik versprach sich viel von der „Telematik", wie man das Zusammenspiel von einfachen Terminals und zentralen Großrechnern damals nannte. Dabei blieb Minitel allerdings ein klassisches Beispiel für die „grands projets" in zentralstaatlichen Tradition. So wurde der gesamte „Traffic" über das von der Post kontrollierte Datennetz geleitet, Direktverbindungen zwischen privaten Servern waren ähnlich wie in Deutschland nicht erlaubt. Auch zum staatlichen Abrechnungssystem („Le Kiosque") gab es keine Alternative.

Doch Minitel bot weitaus mehr als nur ein elektronisches Telefonbuch – da eine Million verschenkter Terminals schon Mitte der Achtziger Jahre eine Million potentieller Kunden bedeuteten, investierten Startup-Unternehmer in

Online-Dienste, trainiert und ko-finanziert vom französischen Staat. Das war so gewollt: „*Anders als die Videotext- und Bildschirmtext-Systeme im restlichen Europa förderte das Minitel-Konzept die Entwicklung von privatwirtschaftlichen Drittanbietern*", urteilt etwa eine Plattform-Studie zum System Minitel von Julien Mailland und Kevin Driscoll.[57]

Allerdings war das „Web" damals wirklich noch Neuland. Und so ließen sich die Anbieter bei der Entwicklung neuer Angebote von den Wünschen der Nutzer leiten. So stand etwa am Anfang der Chat-Manie im Minitel-Netzwerk ein „Hack" einer Seite der Tageszeitung „Dernières Nouvelles D'Alsace". Dort wollte man eigentlich nur das Senden von Direktnachrichten zwischen Administrator und Usern testen, doch die tauschten lieber Nachrichten untereinander aus. Das allgemeine Chatten wurde so beliebt, dass die Zeitungsredaktion es zum offiziellen Feature machte. Andere Anbieter zogen nach, etwa mit erotischen Chats, animiert von Profi-Chattern. Zur Minitel-Boomzeit soll das 50 Prozent des Umsatzes erzeugt haben. „Minitel Rose" war im Frankreich der Achtziger und frühen Neunziger Jahre auch offline unübersehbar, Großplakate im öffentlichen Raum waren für Miniteldienste wie 3615 ULLA, 3615 SEXOFIL oder 3615 ENCORE. Was dem französischen Staat zwar offiziell peinlich war, inoffiziell aber hochwillkommen, denn als Gatekeeper winkte der Postdirektion jeder dritte Franc als Wegezoll, ähnlich wie heutzutage den Torhütern des Appstore-Duopols von Google und Apple.

Minitel-Seite mit kostenlosem Angebot

Beliebt war Minitel aber ebenso dank praktischer Anwendungen, die vom Online-Banking über das Buchen von Theaterkarten („Billetel") oder Fahrkarten bis hin zu Online-Lieferdiensten für Lebensmittel reichten. Ausgestattet mit einem „LECAM" Smart Card-Reader wurde Minitel als Bezahlterminal in der Gastronomie eingesetzt, unter dem Label „Domotique" entwickelten Drittanbieter „Smart Home"-ähnliche Erweiterungen.

> DFÜ-Boom und Hackerkultur
> in den USA und Europa

> Tom Jennings (*1955)

> Fido BBS-Software 1983

Tom Jennings (2013)

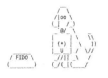

Fido-Logo in ASCII-Grafik, 1984

Jenseits von universitären Hochleistungs-Datennetzen und den für Privatpersonen oft teuren Bildschirmtext-Angeboten setzte sich derweil aber auch die Graswurzel-Revolution der dezentralen Mailbox-Netzwerke fort, von denen es alleine in den USA Anfang der 1990er Jahre mehr als 60.000 geben sollte. Bestes Beispiel ist die steile Karriere von FIDO, einer Software, die vom US-Künstler und Programmierer TOM JENNINGS im Jahr 1983 geschrieben wurde.

„Ich hatte diesen kleinen Mann im Ohr der mir sagte, wir brauchen ein Netzwerk aus Schwarzen Brettern, die sich alle gegenseitig über das Telefon per Ortstarif verbinden, von Punkt zu Punkt über das ganze Land", erinnert sich Jennings rückblickend.[58] Tatsächlich enstand unter den Namen FidoNet bald ein zunächst nationales, dann sogar weltweites Mailbox-Netzwerk, am Ende gegliedert in sechs Regionen rund um den Globus, inklusive Südamerika, Afrika, Asien und Ozeanien. Bei der Überwindung größerer Distanzen – egal ob nun zwischen einzelnen Ländern oder bei weißen Netzwerk-Flecken auf der nationalen Landkarte – half ein einfacher Trick: Daten zwischen lokalen Netzknotenpunkten wurden nachts während einer einheitlichen „Fido Hour" ausgetauscht, was die Telefongebühren senkte.

Vorangetrieben von den Mailbox-Betreibern („Sysops") und Nutzern entwickelte sich eine eigenständige Netzwerkkultur, in dem es neben Dingen wie den Regeln für die Mitbestimmung und einen Verhaltenskodex um die Weiterentwicklung der Mailbox-Sofware selbst und der verwendeten Kommunikationsprotokolle ging. Zu den wichtigsten Anwendungen im FidoNet gehörte neben dem Austausch persönlicher Nachrichten („Private Mail") das Posten von Diskussionsbeiträgen in entsprechenden Foren

(„Echomail"), wobei über ein Gateway auch eine Verbindung zum Usenet bestand. Am Höhepunkt der Entwicklung gab es rund um den Globus mehr als 39.000 Mailboxes in diesem non-kommerziellen, nur über Telefonverbindungen aufrechterhaltenen Netzwerk.

Dabei schuf das FIDONET – auch dies ein typischer Netzwerkeffekt – selbst die Möglichkeiten zu seiner Verbreitung: wer einen Zugang zu einem bestehenden BBS hatte, konnte auf diesem Wege schließlich auch die Fido-Software herunterladen und seinen Computer zu einem neuen Netzknoten machen.

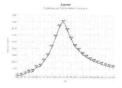

Fidonet-Entwicklung 1984 – 2009, Höhepunkt 1996 (39.677 Nodes)

> Teilvernetzt, detailverliebt:
BBS für die linke Szene der BRD

Speziell um die basisdemokratische Vernetzung der deutschen Umweltbewegung ging es dagegen im „Z-NETZ", dessen grundlegende Mailbox-Software namens „ZERBERUS" Mitte der 1980er Jahre von den Programmierern WOLFGANG MEXNER und HARTMUT „HACKO" SCHRÖDER geschrieben wurde. Der Versuch, eine alternative Gegenöffentlichkeit zu schaffen, sollte zumindest im Ansatz gelingen: Ende der 1980er Jahre umfasste das Z-Netz mehrere hundert Mailboxes, locker assoziiert waren weitere BBS-Netzwerke der linksökologischen Szene, insbesondere das „CL-NETZ". Im Gegensatz zum FidoNet war das Z-Netz nicht nur thematisch weniger Computer- und Technik-orientiert, sondern gehorchte organisatorisch auch keiner so strengen Hierarchie, es ging deutlich ungeordneter und eigenwilliger zu. So gab es weder schriftlich festgelegte Verhaltensmaßregeln für Sysops oder Nutzer, Moderatoren für die Diskussionsboards ebensowenig. Im CL-Netz wiederum legte man schon rein formell darauf Wert, nur von „teilvernetzten Brettern" zu sprechen.

Login-Seite eines BBS mit einfachen Grafikelementen

> *Wolfgang Mexner & Hartmut Schröder*

> *Zerberus Software, Z-Netz 1983*

Die Leistungsfähigkeit der Z-Netz-Software zeigte sich einmal mehr, als während des Jugoslawien-Krieges Aktivisten in Windeseile das „ZA MIR-NETWORK" („Netzwerk für Frieden") aufbauten und so den Ausfall normaler Nachrichtenwege auf dem Balkan teilweise kompensierten. Der niederländische Friedensaktivist WAM KAT wurde mit seinem „ZAGREB DIARY", per Zamir-Netz von der Adresse „WAM@ZAMIR-ZG.ZER.sub.org" aus an die digitalen Schwarzen Bretter in Westeuropa verschickt, zu einer frühen Netz-Berühmtheit.

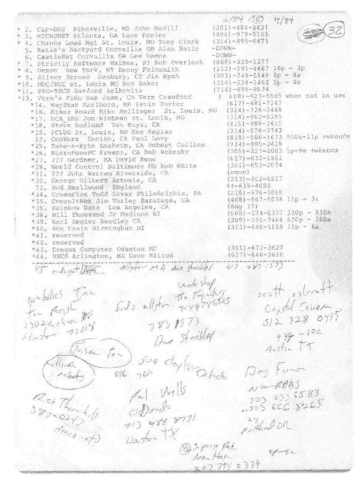

Ähnlich groß wie das frühe ARPAnet: Per Hand redigierte Liste der ersten Fido-Netzknoten in den USA, 1984

> CCC, oder:

Hackerinnen und Hacker organisieren sich

Teil der Netzwerk-Subkulturen war nicht zuletzt der bereits 1981 von westdeutschen Hackern um WAU HOLLAND und KLAUS SCHLEISIEK gegründete Chaos Computerclub, für deren Mitglieder die „Datenfernübertragung" (iDFÜ) von Anfang an einen wichtigen Schwerpunkt bildete. Mit dem „DATENKLO" startete man sogar eigens ein Do-It-Yourself-Projekt, um die Szene mit selbstgebauten Akustikkopplern auszustatten. Solche und andere Ideen wurden mittels der vereinseigenen Gazette „DATENSCHLEUDER" verbreitet, zudem veranstaltete man schon frühzeitig Hacker-Treffen und Kongresse. Als eine von wenigen Non-Profit-Organisationen betrieb der CCC sogar eine eigene Bildschirmtext-„Homepage" – und konnte sich auch sonst über mediale Aufmerksamkeit nicht beschweren. Mit dem „Btx-Hack" in das Account der Hamburger Sparkasse schafften es die Hacker 1984 sogar in die Hauptnachrichten der Tagesschau. Mit einer Mischung aus Interesse und Erstaunen nahm die breite Öffentlichkeit zur Kenntnis, dass es in punkto Datensicherheit im digitalen Netz der Bundespost offenbar große Lücken gab.

> Wau Holland
> (*1951 – 2001)

> Chaos Computer Club 1981

Datenklo-Platine, 1985

Blinde Flecken besaß aber auch die Daten-Community selbst: Die männerdominierte Hacker-Kultur führte Ende der 1980er Jahre dazu, dass sich Hackerinnen um RENA TANGENS und BARBARA THOENS mit der Vereinigung der „HAECKSEN" eine eigene Plattform im CCC aufbauten.

Nicht nur den deutschen Hackerinnen schien klar: Computertechnologie durfte ebensowenig ein „Boy Toy" bleiben wie das Internet. Das Netz war ein Ort, den es von den Nutzerinnen zu erobern galt, mit neuen Inhalten zu füllen und für neue Zwecke einzusetzen. Bald gab es auch einen Begriff für diese Bewegung: Cyberfeminismus. Dessen knapp gefasstes Gründungsmanifest (das sogenannte „CYBERFEMINIST MANIFESTO") machte im Jahr 1991 in Mailinglisten und Online-Communities wie LAMDAMOO, aber auch per Fax und auf Anzeigentafeln die Runde.

> Rena Tangens
> (*1960)

> Haecksen 1988

Rena Tangens (2015)

> **Cyberfeminist Manifesto 1991**

Plakatversion des Cyberfeminist Manifesto, 1991

Im Zentrum fand sich der Satz: *„Die Klitoris ist eine direkte Verbindung zur Matrix".* Hinter dieser multimedialen Kunstaktion steckte das australische Künstlerinnen-Kollektiv VNS MATRIX, gegründet von JOSEPHINE STARRS, JULIANNE PIERCE, FRANCESCA DA RIMINI und VIRGINIA BARRATT. Damit war dem Kollektiv zufolge der Weg eröffnet, *„Frauen, Körperflüssigkeiten und politischem Bewusstsein den Weg in die elektronische Sphäre zu bahne*n".⁵⁹ Dass der „digitale Graben" in Sachen Gender in den 1990er Jahren tatsächlich etwas eingeebnet werden konnte, hatte aber auch viel damit zu tun, dass der Weg in die Onlinewelt deutlich einfacher wurde – das oft kryptische „Netz" verwandelte sich in das bunte, durchklickbare „Web".

> Teil 3
> Wie das Web in die Welt kam
> 1991 - 2000

```
> Tim Berners Lee
> und die Erfindung
> des World Wide Web
```

Knapp drei Jahrzehnte liegen zwischen der ersten Internet-Verbindung zwischen zwei US-Rechnern im Jahr 1969 und dem Freischalten der ersten Website im Schweizer Forschungszentrum CERN im Jahr 1991 – also dem Start des WORLD WIDE WEBS. Während das Internet zahlreiche Gründer und Pioniere aufbieten kann, ist das beim WWW völlig anders. Alles kreist hier um die Person und Ideen von TIM BERNERS LEE – der britische Physiker war von Anfang an fasziniert von der Idee einer universalen Wissensmaschine, was sich dann mit dem Gedanken verband, das weltweit auf Computern gespeicherte Wissen miteinander zu vernetzen. Ausgangspunkt war die Situation am CERN, wo zahlreiche Groß- wie auch Minicomputer und diverse Software- wie auch Netzwerkstandards nebeneinander existierten. Das machte die Dokumentation von Forschungsergebnissen schwierig, die Kommunikation zwischen den mehr als 10.000 Forschenden ebenfalls. Für einen ersten Beratungsjob am CERN entwarf Berners-Lee bereits im Jahr 1980 eine Hypertext-Software namens „ENQUIRE", um personelle und thematische Zusammenhänger bei seiner Arbeit besser überblicken zu können. Bei einem zweiten CERN-Aufenthalt ab 1989 konkretisierte sich das Projekt, von Berners-Lee schon sehr früh (nämlich Mitte 1990) als „world wide web" bezeichnet. Mit Hilfe von Hypertext-Verlinkungen und vereinheitlichten Übertragungsprotokollen (HTTP) wollte er Dokumente auf allen über das Internet vernetzten Rechnern zugänglich machen.

Hypertext selbst war nichts neues, nicht nur rein theoretisch. Seit Mitte der 1980er Jahre konkurrierten

> **Tim Berners- Lee** (*1955)

> ***World Wide Web 1991***

Tim Berners-Lee (2005)

„Meistens wird heutzutage eine einzelne Datenbank eingesetzt. Auf sie greifen viele Anwender zu. Nur wenige Produkte nehmen Ted Nelson's Idee eines weitreichenden 'Dokuversums' ernst, indem sie Verlinkungen zwischen verschiedenen Datenbanken an verschiedenen Orten zulassen."[60]
(T. Berners-Lee, Projektskizze, 1989)

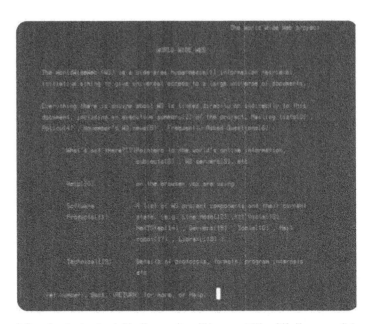

Rekonstruierte Ansicht der ersten Webpage (http://info.cern.ch/hypertext/WWW/TheProject.html), wie sie bereits 1991/92 viele Nutzer im plattformübergreifenden Line-Mode-Browser erleben konnten. Den Verlinkungen folgte man dabei noch durch Eintippen von Zahlencodes.

> Bill Atkinson

> *Hypercard*

bereits viele Produkte rund um dieses Thema miteinander. Besonders weit verbreitet war Apples HyperCard-Software, entwickelt von BILL ATKINSON. Dieses Hypertext-Präsentationssystem kam interaktiv und multimedial daher, und gehörte von 1987 an mehr als ein Jahrzehnt lang zum mitgelieferten Anwendungs-Paket. Das heißt jeder Apple-Nutzer konnte die „Stacks" genannten HyperCard-Dokumente betrachten. Das motivierte zahlreiche Autoren, etwa multimedial aufbereiteten Sachbücher, Adventure-Games oder Hypertext-Romane zu produzieren. Auch bei Firmen und Institutionen fand die ebenso leicht zu programmierende wie auch intuitiv vom Anwender per Mausklick zu nutzende Software Verwendung. Die Library of Congress in Washington etwa nutzte HyperCard bis Mitte der 1990er Jahre, um digitalisierte Bestände zugänglich zu machen. Nicht zuletzt erschien sogar der legendäre Whole Earth Catalog Ende der 1980er Jahre in einer CD-Rom-Version im HyperCard Format.

Bemerkenswert in Sachen Hypertext ist aber auch die von der britischen Wissenschaftlerin WENDY HALL 1989 entwickelte MICROCOSM-Software. Denn sie bot prinzipiell eine weitaus flexiblere und assoziativere Verlinkung als das von Berners-Lee angestrebte Konzept, und erinnerte insofern stärker an die originellen Ideen von Ted Nelson. Wendy Hall hatte ein semantisches Web vor Augen, in dem sich Verlinkungen automatisch rund um Begriffe und Ideen bildeten, und als ein unsichtbares Geflecht parallel zu den eigentlichen Dokumenten existierten.[61]

> Wendy Hall
> *Microcosm Hypertext-System*

Wendy Hall (2011)

> **Die Geburt des Webs aus der Kombination von Internet-Technik und Hypertext**

Doch weder Hall noch andere Hypertext-Aktivisten konnten der ebenfalls auf Nelson zurückgehenden Idee einer weltweiten Vernetzung von Dokumenten etwas abgewinnen. Für die World Wide Web-Projektgruppe am CERN war aber genau das der springende Punkt. So entwarfen die Forscher am Ende alles selbst, wobei neben Berners-Lee dabei vor allem ROBERT CAILLIAU beteiligt war. Auf diese Weise entstand etwa der HTTP-Standard, die Software für den ersten Webserver, die HTML-Markup-Sprache zur Erstellung von Webseiten mit Hyperlinks, sowie als Fenster zu dieser neuen Welt ein Webbrowser, mit dem sich Webseiten aufrufen und betrachten ließen.

Erstes WWW-Logo
(R. Calliau, 1991)

> Robert Cailliau
(*1947)

Zudem trafen Berners-Lee und Cailliau eine strategische Entscheidung: zur Übertragung der Daten wurde der Netzwerk-Standard des US-Internets genutzt, also das seit den 1970er Jahren existierende TCP/IP: *„Ich war am Internet interessiert, weil es versprach, die Kluft zwischen Computern, Betriebssystemen und Netzwerken zu überbrücken"*, so Berners-Lee rückblickend.[62] Damit wurden CERN-internen Hindernisse überwunden, denn dort gab es etwa ein selbst entwickeltes CERN-net und eigene E-Mail-Systeme. Vermieden wurde aber auch eine

Erster Webserver im CERN, 1991

potentielle europäische Sackgasse – sprich das Festhalten vieler nationaler Regierungen und der jeweiligen Postbehörden am vergleichsweise komplizierten Netzwerk-Standard der International Standards Organization (ISO).

> Wem gehört das Web? Mit dem Internet-Boom beginnt der Kampf um die (Markt-)Macht

> Marc Andreessen (*1971)

> Mosaic Browser 1992

Ein für den Erfolg entscheidender Baustein kam schließlich im Jahr 1992 aus den USA: MARC ANDREESSENs schneller und leistungsfähiger Web-Browser NCSA MOSAIC – das inzwischen exponenentiell wachsende WWW hatte damit einen mächtigen Text-Bild-Browser zur Hand, die Informationssphäre World Wide Web bekam ihr heutiges Gesicht. Vorbild für das Look and Feel war dabei nicht zufällig der Dokumenten-Betrachter aus Apples HyperCard-Software. Vom Design-Prinzip her hatte eigentlich Apple das Web erfunden, nur ohne den Zusatz „World Wide".

Eine grandios verpasste Chance. Denn ab 1993 nahm die

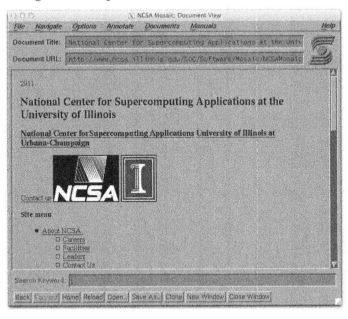

Ansicht einer frühen Version des Mosaic-Browsers mit Inline-Graphics und anklickbaren Textlinks und Buttons, 1993

Kommerzialisierung des weltweiten Webs parallel zu den explodierenden Nutzerzahlen zu. Während Marc Andreessen sein Know-How für die Gründung des Startups NETSCAPE nutzte, um mit dem NETSCAPE NAVIGATOR auf dem Browser-Markt Fuß zu fassen, ging Web-Erfinder Berners-Lee jedoch bewusst einen anderen Weg. Er sammelte Unterstützer in den USA und Europa, um das World-Wide-Web-Consortium (W3C) ins Leben zu rufen, eine Art Industrieverband, gestützt auf MIT sowie CERN, der die Rahmenbedingungen und Standards des WWW beaufsichtigen und im Einvernehmen mit der Wirtschaft weiterentwickeln sollte. Das Web und die zugrundeliegende Software, so das Ziel, sollte weder von einzelnen Konzernen noch von staatlicher Seite in Besitz genommen oder bestimmt werden. Heute, im Jahr 2023, liest man auf der W3C.org-Homepage als Mission Statement: *„Wichtigste Aufgabe des w3c ist es, mit der Entwicklung von Protokollen und Richtlinien das langfristige Wachstum des Web zu sichern. Die w3c-Standards definieren den entscheidenden Teil davon, was das Web ausmacht."*

Netscape-Navigator Logo, 1994

> ***World Wide Web Consortium 1994***

Der bis dato als W3C-Direktor arbeitende Tim Berners-Lee hat aber schon vor 20 Jahren sein eigenes Mission Statement verfasst, und betont: *„Ich entwarf es [das World Wide Web] für soziale Zwecke – um Menschen zu helfen, zusammenzuarbeiten, nicht als technisches Spielzeug. Letzlich geht es beim Web darum, unsere vernetzte Existenz in der Welt zu unterstützen und zu verbessern."*

Das Web bildet Verbindungen zwischen den Menschen ab, die offline schon bestehen, und wirkt zugleich auf sie zurück, die Digitalsphäre ist somit auch Teil der Sozialsphäre. *„Wir finden uns zusammen als Familie, Verein, Unternehmen. Wir entwickeln Vertrauen über die Entfernung hinweg und hegen zugleich Misstrauen gegenüber dem, was hinter der nächsten Ecke passiert. Woran wir glauben, was wir unterstützen, womit wir übereinstimmen, und wovon wir abhängen, lässt sich im Web darstellen, und ist dort auch zunehmend dargestellt"*, so Berners-Lee in seinem

„Where the Web was born": Plakette im CERN neben Berners-Lees ehemaligem Büro

Logo des Internet Explorers, 1995

autobiographisch geprägten Sachbuch „Weaving the Web". Es gelte deswegen sicherzustellen, dass die mit dem Web und im Web aufgebaute Gesellschaft so aussehe und funktioniere, wie man es beabsichtige.

Einflussnahme-Versuche auf das Web gab es dabei von Anfang an, sowohl von privater wie auch von staatlicher Seite. Als Microsoft-Chef Bill Gates 1994 ankündigte, das neue Windows 95 solle untrennbar mit dem Microsoft-eigenen Browser Internet Explorer verbunden werden, war nicht nur Hauptkonkurrent Netscape alarmiert. In den USA wurde Microsoft vom US-Justizministerium wegen Trust-Bildung und Verstößen gegen das Kartellrecht verklagt. Zugleich gab es eine politische Initiative, um mit dem Argument des Kinder- und Jugendschutzes das Web zu regulieren. Letzeres wurde auch durch intensive Lobby-Arbeit des W3C verhindert. Der „Browser-Krieg" zwischen Netscape Navigator und Internet Explorer sollte am Ende nicht nur durch Gerichtsurteile beeinflusst werden, sondern auch die Entscheidung von Netscape, den Quellcode des Browsers öffentlich zu machen und als „freie Software" der Allgemeinheit zu übergeben. (1998) *„Microsoft war zwar größer als Netscape, aber Netscape setzte darauf, dass die Web-Community größer ist als Microsoft"*, so die Logik dahinter. Doch der Effekt war gering. Pünktlich zum Millenium hatte Microsoft bereits die Nase vorn.[63]

> Hacker, Nutzer
> und Nutznießer

Das World Wide Web braucht Browser, und die Browser brauchen ein Betriebssystem. Gleiches gilt für die Server, von denen Webseiten abgerufen werden. Während Browser in der Regel auf Windows- oder Mac-OS-Rechnern laufen, werden Server in der Regel mit Linux betrieben, dem dritten und alternativen Betriebssystem der Computerwelt. Dahinter verbergen sich drei Köpfe, und damit drei sehr unterschiedliche Philosophien in Sachen Software, Design und Gesellschaft.

Windows-Pionier und Microsoft-Gründer BILL GATES gehört noch zur Generation der ersten Hacker, die auf Großrechnern an Terminals begannen, in diesem Fall in Harvard, wo Gates ab 1974 ein Mathematik-Studium begann. Von Anfang an ebenso geschäftstüchtig wie findig, wenn es darum ging, per Telefonleitung kostenlose Universitäts-Ressourcen – sprich: Rechenzeit – zu nutzen, begann Gates' Karriere mit der Entwicklung von BASIC für die ersten Personal Computer, angefangen beim 1975 gestarteten Altair, einem Selbstbaukit, das von der Zeitschrift „Popular Electronics" bekannt gemacht wurde. Microsoft lizensierte Basic, zugleich Programmiersprache für Laien und eine Art Betriebssystem, das beim Start der PCs zur Verfügung stand. Die Hacker und Freaks in der PC-Szene kümmerten sich jedoch nicht um Copyright, sie gaben solche Software – damals noch in Form von Lochstreifen – einfach weiter und kopierten sie in Massen. So war es ja damals auch an den Rechenzentren und in der Internet-Community üblich. Als Unternehmer wechselte Gates jedoch die Seiten. In seinen berühmt gewordenen „Letter to Hobbyists" im Sommer 1975 heißt es: *„Wie den meisten der Hobbyisten bewusst sein wird, stehlen die meisten von euch ihre Software. Hardware*

> **Bill Gates**
(*1955)

> *Microsoft
1975*

> Steve Jobs
(1955 - 2011)

> Apple
1976
> NEXT
1986

muss man bezahlen, aber Software ist offenbar zum Teilen da. Wen kümmert es, ob die Leute die ihre Arbeitskraft hineinstecken bezahlt werden? Findet ihr das fair?"[64]

Ähnlich wie BASIC wurden später auch Microsoft DOS und Windows zu den „Industriestandards", die auf allen IBM-PCs und IBM-kompatiblen Rechnern liefen, und das weltweit. Die Apple-Gründer STEVE JOBS und STEVE WOZNIAK – beide kamen aus genau dem Hobbyisten-Umfeld, das Gates ins Visier genommen hatte, schufen dagegen ihr eigenes, ebenfalls „proprietäres" Betriebssystem (später MacOS genannt), das zudem fest an die Hardware von Apple geknüpft wurde.

> Freie Software als dritter Weg ins Webzeitalter

Erfunden hatte Apple die Idee der grafischen Fenster-Benutzeroberfläche freilich genausowenig wie Microsoft. Beide Seiten hatten die Idee bei Xerox im PARC-Forschungszentrum von Palo Alto abgeschaut, was den zeitweise vor Gericht ausgetragenen Urheberrechtsstreit als eher lächerlich erscheinen lässt. Zumal Xerox wiederum die Forschung von Alan Kay und Doug Engelbart weiterenwickelt hatte, die einst mit ARPA-Mitteln und universitären Geldern finanziert worden war. Der PC, Software- und später auch Internet-Boom ist in sofern ein klassischer Fall von „ursprünglicher Akkumulation", also der Enteignung und Privatisierung öffentlichen Eigentums. Oder, vornehmer ausgedrückt, von Profiten auf der Basis breiter staatlicher Subventionierung.

Als Berners-Lee um 1990 die Grundlagen für das World Wide Web legte, geschah das auf einem High-End-Rechner der von Steve Jobs gegründeten Firma NEXT, die wiederum auf die Erfahrungen mit dem von Apple geschaffenen, intuitiv zu bedienenden Fenster-System mit Drag- and Drop aufbaute, und nicht zuletzt auch schon eine Hypertext-Oberfläche (HYPERCARD) zur Verfügung stellte. Der Start des ersten Web-Servers am Genfer CERN sollte sich dann 1991 allerdings mit einem zweiten historischen Datum überschneiden – der ersten Version des Open-Source-Betriebssystems LINUX, benannt durch seinen Gründer LINUS TORVALDS und dem an Universitäten verwendeten Unix. Das war wegen hoher Lizenzgebühren für Privatpersonen unerschwinglich – deswegen hatte in den 1980ern schon RICHARD STALLMAN, Pionier der FREE SOFTWARE-Bewegung, mit der Entwicklung einer freien Alternative begonnen, GNU genannt (ein ironisches Akronym für „GNU is not Unix"). Es fehlte nur noch der Kern des Systems, auch „Kernel" genannt. Genau den schrieb Linus Torvalds, und stellte ihn dann der Online-Community zwecks Konmentierung und Verbesserung zur Verfügung. Das erste Element des alternativen Betriebssystems war sinnigerweise ein Terminal-Emulator, mit dem sich Torvalds in den Mainframe-Rechner der Universität einloggen konnte. Ein Anfang, der stark an die frühe Phase von Bill Gates und Microsoft erinnert.

Als begeisterter Anhänger der Shareware-Idee lehnte Torvalds Geld für Software allerdings strikt ab. Stattdessen bat er die Nutzer, ihm als Dankeschön Postkarten zu schicken. Nur in einem Punkt gab es eine Form von Inbesitznahme: das UNIX für alle wurde LINUX getauft, verewigt also Linus Torvald im Namen. *„Wahrscheinlich wäre ich anders an die Sache herangegangen, wenn ich nicht in Finnland aufgewachsen wäre"*, schreibt Torvalds in seiner Autobiografie „Just for fun", also *„dort wo jeder der nur die kleinste Spur von Gewinnsucht zeigt gleich unter Generalverdacht gerät, vom Neid mal ganz abgesehen. Und ja, ich hätte das Non-Profit-Ding so ziemlich anders verwirklicht, wäre ich nicht groß geworden unter dem Einfluss eines beinharten Akademiker-Großvaters und eines beinharten kommunistischen Vaters."*[65]

Dass Linux von seinem Erfinder schließlich unter die von Richard Stallman entwickelte GNU PUBLIC LICENSE gestellt wurde und damit jedermann die Weitergabe und Veränderung ermöglichte, hatte aber auch einen ganz praktischen Grund: Torvalds ersparte sich eine Menge zusätzlicher Entwicklungsarbeit. Dank Internet ging diese

> **Linus Torvalds**
(*1969)

> *Linux 1991*

Linux-Schöpfer
Linus Torvalds

GNU-Logo
(Gnu-Antilope)

> **Richard Stallman**
(*1953)

> *GNU /* **GNU Public Licence**

Linux-Logo
(„Tux")

```
"Hello everybody
out there using
minix -

I'm doing a (free)
operating system
(just a hobby,
won't be big and
professional like
gnu) for 386(486)
AT clones. This
has been brewing
since april, and
is starting to get
ready. (...) Any
suggestions are
welcome, but I
won't promise I'll
implement them :-)

Linus
(torvalds@kruuna.
helsinki.fi)"

Linus Torvalds'
Posting in der
Newsgroup
comp.ox.minix,
25. August 1991
```

Rechnung auf, denn im Herbst 1992, ein Jahr nach dem ersten „Release", hatte die Linux-Newsgroup im Netz bereits mehr als 10.000 Nutzer. Sogar ein eigenes Gesetz wurde dadurch aufgestellt, das „Linus law" (laut Open Source-Theoretiker Eric Raymond): *„Schauen nur genügend Augenpaare drauf, sind alle Fehler rein oberflächlich".*[66]

> **Freies Spiel der schöpferischen Kräfte**

Linux ist als „subversiv" bezeichnet worden, weil es durch die Crowdsourcing-Logik ökonomische Gewissheiten auf den Kopf stellte. Tatsächlich wurde die Software auch zu einem Modellfall für „COMMONS-BASED PEER PRODUCTION", also der auf Gemeingüter basierenden gemeinschaftlichen Produktion, die das World Wide Web kulturell, aber auch strukturell mitprägen sollte.

Torvalds hat aber zugleich kein Problem damit, wenn andere mit Open-Source-Anwendungen Geld verdienen. *„Open Source bedeutet das freie Spiel der schöpferischen Kräfte. Warum sollte dabei das Unternehmertum, das die Gesellschaft und den technischen Fortschritt dermaßen befeuert, davon ausgeschlossen bleiben?"*[67] Die zeitliche und inhaltlich Parallele zu Tim Berners-Lee und Robert Cailliau ist verblüffend – und zugleich logisch, betrachtet man den persönlichen Hintergrund der beiden. Als das CERN die für das Web grundlegenden Protokolle patentieren lassen wollte, lehnte Berners-Lee das rundweg ab. Er bestand darauf, dass die Web-Standards als frei zugänglich und für immer gemeinfrei erklärt werden sollten.

Das CERN gab schließlich bekannt: *„permission is granted for anyone to use, duplicate, modify, and redistribute it."* Noch etwas später wurden die Webprotokolle unter GNU Public License gestellt, ein historischer Triumph für Richard Stallmann und die Hacker-Ideologie. Zugleich bedeutete das einen Meilenstein für die Informationsgesellschaft: *„Das Ergbnis war eines der grandiosesten Projekte, die jemals in Sachen Freie Software und Open Source begonnen wurden",* urteilt etwa Walter Isaacson.[68]

> Willkommen im
> multimedialen Zeitalter

Anfangs blieb das World Wide Web, ähnlich wie zuvor das textbasierte Internet, einer zwar wachsenden, aber doch recht überschaubaren Gemeinde von technikaffinen Nutzern vorbehalten, die in der Regel über akademische Institutionen Zugang zu dieser neuen Welt erhielten. So war es wohl auch kein Wunder, dass sich eins der ersten weltweiten Medienereignisse im Web um eine Kaffeemaschine drehte, die im COMPUTER SCIENCE DEPARTMENT der britischen UNIVERSITY OF CAMBRIDGE vor sich hin brühte. Findige Wissenschaftler um PAUL JARDETZKY und QUENTIN STAFFORD-FRASER begannen 1991, automatisch aktualisierte Digitalbilder dieser Maschine im Internet bereitzustellen. *„Wir brauchten bloß einen Tag, um das ganze System zu bauen, doch es war viel nützlicher als alles andere, was ich jemals für ein Netzwerk programmiert habe"*, so Stafford-Fraser rückblickend.[69] Nun konnte man sich den Weg in die „Trojan Room" genannte Teeküche sparen, um den Füllstand der Maschine zu überprüfen. Stattdessen starteten die Forscher auf dem Uni-Campus einfach den sogenannten „Xcoffee-Client", und ließen sich den aktuellen Zustand auf dem Bildschirm ihrer Workstation anzeigen.

Als 1993 erstmals Bilder direkt in HTML-Code eingebunden werden konnten, reichte es sogar, die entsprechende Webseite des Instituts aufzurufen. Das funktionierte natürlich nicht nur vor Ort, sondern dem World Wide Web gemäß rund um den Globus. Tasächlich sprach sich diese merkwürdige, eigentlich ja für enfernte Betrachter völlig nutzlose Anwendung im Netz herum. Verwundert stellten die britischen Forscher fest, dass ihre „Coffee pot Webcam" begann, virtuelle Besucher aus der ganzen Welt anzuziehen – und zu einer Art Web-Berühmt-

> Paul Jardetzky
> Quentin Stafford-Fraser

> *Trojan Room Coffee Pot Webcam 1991*

Xcoffee-Client mit 128x128 Pixelgrafik, 1991

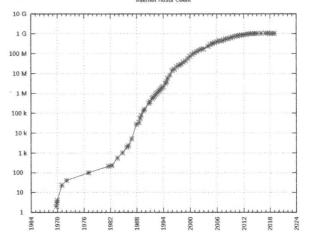

Zahl der ans Internet angeschlossenen Rechner, 1969 – 2024, in Zehnerpotenzen dargestellt (1, 10, 100, 1000, etc.).

heit wurde. *„Die Trojan-Coffee-Room-Machine schaffte, was Tim Berners-Lee zuvor beinahe vergeblich versucht hatte: den Menschen das Potenzial des neuen Mediums zu veranschaulichen"*, so der Kulturwissenschaftler Mathias Mertens in seinem Buch „Kaffeekochen für Millionen".[70] Nicht umsonst beginnt diese Untersuchung der „spektakulärsten Ereignisse im World Wide Web" der 1990er und frühen 2000er Jahre mit der merkwürdigen Medien-Karriere dieses eigentlich eher unscheinbaren Krups ProAroma-Modells. Die Kaffeemaschine machte das Web aber offenbar zu einem Ort, in dem es etwas interessantes zu entdecken gab, das man mit anderen teilen konnte. Und es hob die Nutzer gleichzeitig als besondere Gruppe hervor: *„Das Internet, so konnten die anderen in den ersten Jahren sagen, waren diese Menschen, die sich so verschrobene Dinge wie die Trojan-Room-Coffee-Machine anschauten"*, so Mertens.[71]

Typisch für die mediale Wirkung des World Wide Web war aber wohl auch, dass nun immer mal wieder Kaffeemaschinen-Touristen aus aller Welt vorbeischauten, und nach dem berühmten Brühautomaten fragten, den sie aus ihrem

Browser kannten. Die Verknüpfung von Welt und Web, so zeigte sich daran, schien also in beide Richtungen zu funktionieren – das Web konnte somit auch Dinge in der realen Welt geschehen lassen.

> ```
> >Is it just me, or
> has Delphi
> unleashed a
> staggering amount
> of weirdos on the
> net?
> >Of course it's
> perpetually
> September for
> Delphi users, isn't
> it?
> 
> (Usenet-Diskussion
> auf alt.folklo-
> re.computers,
> 8. Januar 1994)
> ```

> **Der Massensturm auf das Web beginnt**

Das Wechselwirkungspotential sollte sich bald verstärken, denn die Zahl der „Netzbürger" wuchs sprunghaft, als das Internet im Herbst 1993 für die allgemeine Öffentlichkeit zugänglich wurde. Zu diesem Zeitpunkt war es kommerziellen Anbietern wie AOL oder Delphi in den USA gestattet, ihren Kunden spezielle Gateways in Richtung Netz zu öffnen, was sich insbesondere in den Usenet-Foren bemerkbar machte.

Eine gewisse Fluktuation war man dort zwar zu Beginn jedes neuen Studienjahres im Monat September gewohnt, doch diesmal lief das etwas anders: immer mehr unerfahrene Nutzer stießen hinzu, die weder die FAQs lasen noch sonstwie die „Netiquette" einhielten. Bald beklagten die Alteingesessenen diesen Zustand als den „September that never ended".

> **"September that never ended",**
> **1993**

Hintergrund dieser „Schleusenöffnung" war die vom damaligen Senator Al Gore initiierte Gesetzgebung, die 1991 vom Kongress als „High performance Computing Act" beschlossen wurde. Das auch „Gore Bill" genannte Gesetz ermöglichte den beschleunigten Ausbau der Internet- Backbones unter Beteiligung privater Unternehmen, und damit die Kommerzialisierung von Internet und World Wide Web selbst. Auch unser Begriff von der „Datenautobahn" ist eng mit dieser Gesetzgebung verbunden, denn das digitale Infrastrukturprojekt der USA wurde als Ausbau des „Information Superhighway" vermarktet. Der Begriff schien sogar doppelt zutreffend, denn bereits der Vater von Al Gore hatte sich als Senator in den 1950er Jahren unter Präsident Eisenhower für den Ausbau eines landesweiten, einheitlichen Interstate-Highway-Netzes eingesetzt – ein Projekt, das im Jahr 1992 als offiziell abge-

> **High Performance Computing Act,**
> **1991**

> „Wir müssen Hochgeschwindigkeits-Netzwerke bauen, die Millionen Computer miteinander verbinden, und uns Fähigkeiten jenseits aller Vorstellungskraft verschaffen."[72]
> Al Gore, 1991

schlossen erklärt wurde. Die Weiterentwicklung des Internets als staatlich organisierte und geförderte Datenautobahn für alle Menschen schien also die logische Fortsetzung der vom Staat eingerichteten realen Autobahnen zu sein. Neue Strukturen schaffen neue Chancen, das galt auch hier.

> **Doom und der digitale Schneeball-Effekt**

Welche Vermarktungsmacht das Web bereits in seiner frühen Ausbauphase besaß, zeigt der „Launch" des legendären Ego-Shooters „Doom". Dessen kostenlose Shareware-Testversion wurde vom Unternehmen „id Software" am 9. Dezember 1993 auf den Servern der Carnegie Mellon Universität von Wisconsin zum Download bereitgestellt. Mit einem Knalleffekt: Binnen kurzem waren die Universitätsrechner lahmgelegt, nichts ging mehr. Denn über Mailinglisten, Bulletin Boards und Newsgroups hatte sich die Ankündigung des Produktstarts in der Gaming-Szene rasend schnell verbreitet. Dass die Doom-Software trotz der begrenzten Ressourcen der Universität am Ende breit in der gesamten Netzgemeinde gestreut wurde, lag wiederum an Netzwerkeffekten: wer die Spieledatei ergattert hatte, stellte sie über seine Homepage bei AOL oder Compuserve oder über eins der vielen privaten Bulletin Boards anderen Usern zur Verfügung.

Doom-Logo, 1993

Mit dem Erfolgsrezept Shareware hatte die alternative Softwareschmiede bereits seit den 1980er Jahren zahlreiche Erfolge feiern können: statt in PR und Werbung zu investieren, verschenkte man Spielversionen ohne Kopierschutz, die bis zu einem bestimmten Level frei spielbar waren. Wer mehr wollte, musste eine kostenpflichtige Version bestellen.

Zur Popularität von Doom trug allerdings noch ein weiterer Aspekt bei – das Programm besaß einen Mehrspieler-Modus, der es ermöglichte, via Internet gegen andere Mitspieler anzutreten. Das machte das Internet gemeinschaftlich ganz neu erlebbar: Doom vermittelte *„das Gefühl, sich jetzt in einer Computerwelt zu befinden, hinter deren Horizont es immer weitergehen konnte"*, so Mathias Mertens in seiner bereits erwähnten Web-Mediengeschichte „Kaffeekochen für Millionen".[73] Jedenfalls galt das, solange die Webserver der enormen Belastung standhielten. Die Carnegie-Mellon-Universität jedenfalls untersagte noch am 9. Dezember 1993 allen lokalen Nutzern, Doom auf Universitätsrechnern im Netzwerkmodus zu spielen. Die aufwallende Spielwut drohte nämlich, die technische Infrastruktur lahm zu legen.

> **Vom Cyberlogging zum Web-Publishing**
Attraktiv schien es aber auch zu sein, das Leben selbst im Web stattfinden zu lassen, das hatten schon die Bilder der Krups-Kaffeemaschine aus Cambridge gezeigt. Der kanadische Ingenieur und MIT-Medialab-Experte STEVE MANN ging 1994 noch einen Schritt weiter. Er begann mit Hilfe einer selbst konstruierten, tragbaren Webcam, seinen gesamten Alltag live ins Netz zu übertragen. „CYBER-LOGGING" nannte Mann diese Erlebnis-Weitergabe über das Internet in Echtzeit, und schwärmte von einer *„völlig neuen Form der Synergie zwischen Mensch und Computer"*.[74] Das macht ihn sowohl zu einem Pionier des „WEARABLE COMPUTING" wie auch des „WEBLOGGINGS" bzw. „BLOGGing". Diese Form des Web-Publishing aus persönlicher Perspektive wurde zur selben Zeit auch von Autoren wie JUSTIN HALL („Justin's Links from the Underground") oder JOHN BARGER („Robot Wisdom") entdeckt, freilich nicht per Kamera, sondern eher klassisch per Tastatur. Anfangs sprach man dabei von „Online Diary", erst später dann vom „Weblog".

Bevor die großen Medienhäuser begannen, das Web als neuen Kanal für ihre Inhalte zu erschließen, machten gerade solche persönlichen, individuellen Perspektiven den Reiz des neuen Mediums aus. Wobei viele dieser Autoren auch bereits in Usenet-Foren, via Mailing-Liste oder BBS aktiv gewesen waren, also einen Teil der Internet-Kultur ins World Wide Web überführten. Auch kollaborative Projekte, zuvor E-Zines (also „Electronic Magazine") genannt, fanden als Web-Magazine ins neue Medium, zu den ersten

> **Steve Mann**
(*1962)

> *Cyberlogging mit mobiler Webcam, 1991*

> *Weblogs & Blogging*

> **Jaime Levy**
> (*1966)

> *Cyber Rag 1990*

Jaime Levy (2011)

Adressen gehörte dabei BOINGBOING, HOTWIRED, oder SLATE. Als Vorläuferin solcher Angebote darf in medialer Hinsicht zudem die Grafikdesignerin JAIME LEVY gelten, die mit ihren zunächst auf Floppy Disk veröffentlichten Multimedia-Magazinen CYBER RAG und ELECTRONIC HOLLYWOOD viele Effekte vorwegnahm, die später von Webdesignern eingesetzt wurden. Statt wie später im Browser betrachtete man diese Produkte mit Hilfe spezieller Software von Apple (HYPERCARD) oder Adobe (MACROMEDIA). Als Levy 1993 zum ersten Mal das frühe Web im Mosaic Browser erlebte, war ihr sofort klar: *„I was basically making websites offline"*.[75] Kurz darauf wurde sie zum Creative Director des neugegründeten Online-Magazins Word.

> **Als E-Commerce noch Teleshopping hieß**

Relativ früh war manchen auch schon klar: man konnte nicht nur den Zugang zum Web und seinen interessanten Inhalten vermarkten – siehe das Business-Modell der Internet Service Provider wie AOL – sondern das Web als interaktive Plattform benutzen, um auf neue Weise Waren zu verkaufen. Eins der ersten Instrumente für das neue Geschäftsfeld E-Commerce kam aus Deutschland: im thüringischen Jena entwickelte der ostdeutsche Unternehmer STEPHAN SCHAMBACH 1994 eine Software namens „INTERSHOP" (eine ironische Anspielung an die Intershop-Läden in der DDR, wo gegen D-Mark begehrte Westwaren verkauft wurden). Initialzündung war ein zufälliges Zusammentreffen mit Tim Berners-Lee auf einer Messe, der Schambach eine Diskette mit den notwendigen Programmen übergab, um das World Wide Web zu testen. *„Ich habe herumexperimentiert"*, so Schambach rückblickend. *„Und auf einmal war mir völlig klar, wie das nächste Projekt beschaffen sein würde. Es würde den Internethandel betreffen"*.[76]

> **Stephan Schambach**
> (*1971)

> *Online-Shopping (Intershop-Software)*

intershop®

Intershop Communications Logo, angelehnt an DDR-Intershops

Die „Intershop"-Software bot bereits vieles von dem, was man später beim Online-Shopping gewohnt sein sollte: die Suchfunktion im Warenkatalog, die Nutzer-Registrierung, das Bestücken eines Warenkorb, den elektronischer Bezahlvorgang. Als die Kreditlinie der lokalen Sparkasse auslief, gelang es Schambach, einen der ersten Risikokapitalgeber in Deutschland zu gewinnen. Beworben wurde die Software dabei als „Produkt im Bereich Teleshopping". *„Wir haben es Teleshopping genannt, weil wir nicht wussten, ob das Internet jemand versteht"*, erklärte es Schambach drei Jahrzehnte später.[77] Zugleich sprangen die ersten Großkunden auf. So setzten etwa das Versandhaus Otto sowie Hewlett-Packard mit Hilfe von Intershopauf das Web als neuen Verkaufskanal. Die Intershopper selbst verlegten derweil 1996 ihren Firmensitz in die USA, und bereiteten den Börsengang vor. Dort gab es freilich bereits viele andere, die das Web als Chance sahen.

> **Jenseits der**
> **Gutenberg-Galaxis**

Selten prangt das Antlitz eines Buchhändler von der Titelseite des Time-Magazines. JEFF BEZOS schaffte es 1999 sogar als „Person of the Year", denn mit der Etablierung des Online-Buchhandels hatte der Gründer von AMAZON.COM innerhalb weniger Jahre die gesamte Branche auf den Kopf gestellt. Möglich wurde diese Erfolgsgeschichte wohl auch deshalb, weil Bezos von Haus aus eigentlich gar kein Buchhändler ist, sondern ein technisch versierter Investmentbanker. Als sich 1994 der Boom des World Wide Webs abzeichnete, witterte er sofort die Chance, die sich für den Vertrieb von Waren über das Netz eröffneten. Bezos kündigte seinen bisherigen Job und begann, passende Produktkategorien aufzulisten, von Gummistiefeln bis zum Rasenmäher. Besonders vielversprechend schienen CDs, Videos, Computer-Hardware und Computer-Software zu sein – aber auch gedruckte Bücher.

„Ich wandte ein ganzes Bündel von Kriterien auf jedes Produkt an, vor allem aber die relative Größe des jeweiligen

> **Jeff Bezos**
> (*1964)

> ***amazon.com***
> **1994**

TIME-Cover
„Person of the Year:
Amazon.com's
Jeff Bezos",
1999

> „Wenn etwas [wie das Internet] um 2300 Prozent jährlich wächst, muss man rasch handeln. Ein Gespür dafür, wie schnell alles gehen muss, wird dann zum wertvollsten Kapital".
> (Jeff Bezos, 1998)

Marktes. Wie ich dabei herausfand, wurden weltweit jedes Jahr Bücher im Wert von 82 Milliarden Dollar abgesetzt. Der Verkaufspreis war genauso wichtig. Ich wollte ein möglichst niedrigpreisiges Produkt haben. Für viele Menschen würde es überhaupt um das erste Produkt gehen, das sie jemals online erwerben würden, also durfte es auch von der Größe her kein Unbehagen bereiten", so Bezos rückblickend.[78]

Ein weiteres Kriterium stellte die Produktvielfalt dar. In der Kategorie Bücher gab es mehr als drei Millionen einzelne Titel, in der Kategorie CDs nur etwa ein Zehntel dieser Menge. Ein bedeutender Unterschied – denn Bezos wusste: je größer die Auswahl, desto besser ließen sich die Organisations- und Selektionsmöglichkeiten nutzen, die eine Webseite bietet.

Mail-Order-Modelle, also die Bestellung über gedruckte Kataloge einzelner Anbieter, blickten zwar in den USA schon auf eine lange Tradition zurück. Doch angesichts von Millio-

Rekonstruktion der ersten Amazon.com-Startseite, August 1995

nen einzelner Titel bot jeder Katalog aus Papier nur einen winzigen Ausschnitt aus der Masse lieferbarer Bücher. Wie Bezos herausfand, hatten viele Grossisten, die einzelne Buchhändler belieferten, zu diesem Zeitpunkt ihre Buchbestände bereits in elektronischer Form erfasst. Alles, was nun noch fehlte, war offenbar eine Webplattform, auf der Kunden in einem Gesamtkatalog suchen und Bücher direkt bestellen konnten.

amazon.com

Amazon-Logo, ab 2000 eingesezt

Ab Juli 1995 gab es mit Amazon dann plötzlich eine solchen Ort im Netz. Das sprach sich auch ganz ohne PR im damals noch überschaubaren World Wide Web schnell herum: nur zwei Monate später erzielte das Startup bereits mehr als 20.000 Dollar Umsatz pro Woche. Neben Leseproben, Buchbesprechungen oder Kundenrezensionen machten auch niedrige Buchpreise die neue Plattform von Anfang an attraktiv. Da eine Buchpreisbindung oder vergleichbare Marktregulierungen in den USA nicht existieren, konnte man die Kostenvorteile gegenüber klassischen Buchhändlern direkt an die Kunden weitergeben. Amazon avancierte zum mächtigsten Literatur-Discounter weit und breit. Bei Hardcovern lagen die Rabatte bei 20 Prozent, bei Taschenbüchern sogar bei besonders attraktiven 30 Prozent. Komfortabel gestaltete der Einkauf obendrein. Der Bezahlvorgang selbst wurde so einfach wie möglich gemacht. Waren die Kreditkarteninformationen bei Amazon hinterlegt, konnten eingeloggte Kunden ihre Bestellung mit einem Mausklick ausführen.

Schon zwei Jahre nach dem Start von amazon.com stand der Börsengang vor der Tür, kurz vor der Jahrtausendwende überstieg der Marktwert des Online-Buchhändlers bereits den von Barnes&Noble und Borders, also den beiden größten traditionellen Buchhandelsketten in den USA. Zu diesem Zeitpunkt hatte Amazon mehr als 13 Millionen Kunden, und Bezos sprach nun davon, das Unternehmen vom *„Earth's biggest bookstore"* in *„Earth's biggest anything store"* zu verwandeln, also vom weltgrößten Buchladen zum weltgrößten Gemischtwarenladen: *„Unse-*

re Vision ist es, das Unternehmen mit der weltweit besten Kundenorientierung zu sein. Wir wollen der Ort sein, an dem die Menschen alles das finden können, was sie online einkaufen möchten."

Dazu gehörten dann neben CDs, Videospielen und Spielzeug auch Elektronikartikel. Auf dem Time-Cover von 1999 sieht man das Gesicht von Bezos zwar neben Buchstaben aus Zuckerguss und antiken Buchrücken. Doch geehrt wird er letztlich für einen weitaus universelleren Erfolg – die Bildunterschrift lautet nämlich: *„E-Commerce is changing the way the world shops".*

> **Wie ein deutsches Bildschirmtext-Startup zum Brückenkopf des Plattform-Kaptalismus wurde**

> Ulrike
> Stadler

> *TELEBUCH#
> 1991
> Telebuch.de
> 1995

Web-Logo ABC
Bücherdienst,
1995

In Deutschland sprach man zu diesem Zeitpunkt auch schon davon, ein Buch „bei Amma-zohn" zu bestellen. Denn hier war dem international expandierenden Unternehmen ein Jahr zuvor ein echter Coup gelungen – die Übernahme des bei vielen Internetnutzern der ersten Stunde beliebten Online-Händlers TELEBUCH.DE. Das bereits 1991 von der Regensburger Unternehmerin Ulrike Stadler angeschobene Startup hatte seinen umfangreichen Katalog mit mehr als 300.000 lieferbaren Titeln anfangs via Bildschirmtext zur Verfügung gestellt, und schließlich ab 1995 beinahe parallel mit amazon.com eine Web-Präsenz eröffnet. Da Telebuch per Luftfracht einmal pro Woche aus den USA beliefert wurde, galt es als gute Adresse, um zeitnah englischsprachige Bücher zu beziehen. Gegenüber der US-Konkurrenz hätte der auch unter dem Namen „ABC Bücherdienst" firmierende deutsche E-Buchhändler aber wohl keine Chance gehabt, konnte man jenseits des großen Teichs doch einen zehn mal höheren Umsatz vorweisen und ein jährliches Kundenwachstum von 500 Prozent. So endete einer der erfolgreichsten deutschen Sonderwege in Sachen E-Commerce zwar für die Geschäftsleitung einträglich, aber doch recht frühzeitig – und ebnete auch hierzulande den Weg für den wichtigsten Vertreter des „Plattform-Kapitalismus".

> Suchmaschinen für
> Geschäftsmodelle

Startups sind Suchmaschinen für Geschäftmodelle, heißt es so schön. Das gilt natürlich erst recht für Startups, die sich mit der Web-Suche beschäftigen. Prinzipiell gab es so etwas schon vor dem World Wide Web. So existierten mit Archie, Veronica oder Jughead diverse Suchmethoden, um Internet-Server nach herunterladbaren Dateien zu durchsuchen. Doch das Web mit seinen anklickbaren Links – inklusive Download-Links – versprach natürlich weitaus mehr Komfort. Als die Zahl der Webseiten noch recht überschaubar war, behalf man sich zunächst mit hierarchisch aufgebauten Linkkatalogen. Besonders erfolgreich war die 1994 von zwei Stanford-Studenten ins Leben gerufene Seite „JERRY AND DAVID'S GUIDE TO THE WORLD WIDE WEB". Sie wurde von ihren Gründern JERRY YANG und DAVID FILO noch im selben Jahr umbenannt in den uns heute noch geläufigen Namen „YAHOO!".

> Jerry Yang & David Filo

> *Yahoo!*
  1994

Yahoo!-Logo, 1995

Literaturkundige sehen darin einen Verweis auf merkwürdige Wesen aus Jonathan Swifts satirischem Roman „Gullivers Reisen", im Studentenslang bezeichnete man damals aber auch die etwas unbeholfen auftretenden Südstaatler so. Zudem gab es ein web-kulturtypisches „Backronym": „YET ANOTHER HIERARCHICAL OFFICIAL ORACLE", also etwa: „Noch so ein hierarchisches, offizielles Orakel".

Aber von wegen Hierarchie-Ebenen: Neben die „YAHOO DIRECTORY" trat im Jahr 1995 dann „YAHOO SEARCH", sprich die Stichwortsuche im Katalog. Yahoo wurde damit zu einer der ersten Suchmaschinen im Web. In diesem Bereich konkurrierten Yang und Filo nun mit anderen frühen Suchdiensten im Web wie Altavista, Lycos oder Excite. Allerdings ging „Yahoo!" dabei einen Sonderweg – die Seite wurde zu einem Webportal mit vielen zusätzlichen Ange-

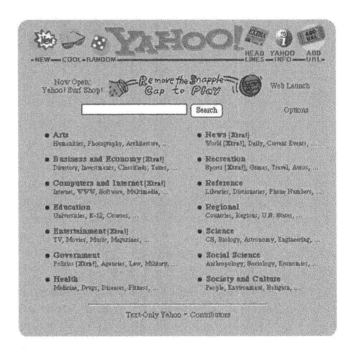

Yahoo!-Webkatalog, hierarchisch nach Kategorien geordnet, mit Button "Add URL" ("URL hinzufügen"), 1995

boten ausgebaut, darunter etwa News-Dienste, Terminkalender und ein Freemail-Angebot. Finanziert wurde das Ganze mit Werbebannern, was sich als äußerst lukrativ erwies: schon 1996 ging Yahoo an die Börse, im gleichen Jahr ging auch eine deutschsprachige Portalseite in Betrieb.

> **Algorithmen made in Germany behaupten sich im Suchmaschinen-Business**

Während Yahoo in den USA als unbestrittener Marktführer galt, lief das in Deutschland zunächst ganz anders. Denn auch hier gab es studentische Startups, die sich mit der Web-Suche beschäftigten. Allen voran das 1996 gegründete „FIREBALL", ein Projekt hinter ein Team Informatik-Studierende der Technischen Universität Berlin rund O. K. PAULUS und H. HOFFER VON ANKERSHOFFEN steckte. Als Kooperationspartner diente dabei die Verlagsgruppe Gruner & Jahr. Hierzulande

> *Fireball.de 1996*

Fireball-Startseite im Jahr 1997. Die Kooperation mit der Suchmaschine Altavista ermöglichte die weltweite Web-Suche.

galt Fireball, bald ebenfalls zum vollwertigen Portal erweitert, im Jahr 1998 als unangefochtener Branchenprimus unter den Suchmaschinen.

Letztlich funktionierten alle Suchmaschinen damals ähnlich – soweit sie nicht einen Webkatalog als Basis hatten, durchkämmten sie unaufhörlich das Hypertext-Universum. Auf Grundlage dieser Recherche legten clevere Algorithmen einen Stichwortindex an und spuckten bei jeder Suchwort-Eingabe eine nach Relevanz geordnete Webseiten-Liste aus. Die Relevanz bezog sich auf die Häufigkeit der Stichworte in einem Dokument, aber nicht auf ein web-spezifisches Kriterium: den Grad der Verlinkung, auch „LINK-POPULARITÄT" genannt. So produzierte das weltweite Gewebe aus Webseiten selbst Bedeutung – je mehr Menschen eine Seite wichtig fanden, desto mehr verlinkten auf sie.

> Google macht das Web zur wahren Wissensmaschine

Diese Beobachtung führte dazu, dass zwei weitere Stanford-Studierende namens LARRY PAGE und SERGEJ BRIN ab 1996 einen Web-Crawler neuen Typs programmierten. Die Software mit dem Arbeitstitel „BACKRUB" gab dank ihres die Verlinkung berücksichtigenden „PAGE RANK ALGORITHMUS" weitaus bessere Suchergebnisse als alle bisher existierenden Suchmaschinen dieser Zeit. BackRub machte damit

> **Larry Page & Sergej Brin**

> *Page Rank Algorithmus, 1996*

Webseite von google.com in einer frühen Version, 1995

> *Google 1998*

Sergej Brin und Larry Page, 2003

„Zu diesem Zeitpunkt [2003] hatte das Wort 'Google' seinen Weg in die Alltagssprache gefunden, so dass das Verb 'to google' dem Merriam-Webster Collegiate Dictionary und dem Oxford English Dictionary hinzugefügt wurde, mit der Erklärung: 'die Nutzung der Suchmaschine Google, um im Internet Informationen zu erhalten'."
(en.wikipedia. org)

das Web erstmals zu dem, als was es uns heutzutage selbstverständlich erscheint, nämlich ein Ort, an dem Wissen nicht nur gespeichert ist, sondern unmittelbar zugänglich gemacht wird. Wer etwas wissen will, „fragt Google".

Die Suchmaschinen-Industrie der späten 1990er Jahre hatte das Thema Link-Popularität allerdings nicht so recht auf dem Schirm. Ein Versuch, die neue Technologie an die Search Engine „Excite" zu verkaufen (im übrigen ebenfalls von Stanford-Studierenden gegründet), scheiterte. So blieb Page und Brin nichts anderes übrig, als selbst ins kalte Wasser zu springen: sie gründeten ein eigenes Unternehmen und gingen mit ihrem Such-Algorithmus online. Als Namen wählten sie eine Abwandlung des Wortes „Googol", worunter Mathematiker eine Zahl mit 100 Stellen verstehen – für die später „GOOGLE-TWINS" genannten Gründer ein passender Verweis auf die enorme Zahl an Webseiten, die es im Web zu durchsuchen und zu ordnen galt.

Der Erfolg dieser Idee war überwältigend: die genialen Zwillinge fegten in kurzer Zeit die anderen Suchmaschinen vom Markt und machten Google dermaßen zum Synonym für die Websuche, dass das Verb 'googeln' bald schon Eingang in die Wörterbücher fand. Ihr Unternehmen wurde zugleich zum Synonym für das World Wide Web selbst. Denn wer sich seitdem ins Web begibt, geht zuerst zu Google. Wo man dann mit dem nächsten Klick landet, bestimmt ebenfalls – Google.

> Zwischen Cyber-Boom
> und digitalem Graben

„*Web years are dog years*", pflegte man im Silicon Valley in den 1990er Jahren zu sagen, mit anderen Worten: in einem Jahr passiert im Netz soviel wie offline in sieben Jahren. Im Jahr 1998 war nach dieser Rechnung seit dem Start des ersten http://-Servers am CERN mit 7 x 7 = 49 Hundejahren bereits weit mehr Zeit vergangen als das Internet überhaupt an Jahren zählte. Tatsächlich hatte das Netz seit 1991 eine erstaunliche Entwicklung durchgemacht. Von einem reinen Nischen-Medium für eine Handvoll Akademiker und Nerds zwischen Ost- und Westküste der USA wuchs es zum globalen Massenphänomen heran. In Nordamerika, Japan und Westeuropa war zu diesem Zeitpunkt fast ein Fünftel der Bevölkerung regelmäßig online unterwegs.

> *20 Prozent Onlinequote in USA & Europa*

Dieser Zuwachs ließ sich auch anhand des steil ansteigenden Datenverkehrs nachvollziehen. Zu Beginn des Jahrzehnts konnte man das Volumen des Web-Traffic noch bequem in Terabytes messen, also einer Einheit, die tausend Gigabytes entspricht. In den USA flossen so etwa über das Jahr 1991 ganze 2 Terabytes durch die Internet-Backbones, im Jahr 1994 bereits 16 Terabytes, was einer Verdopplung alle 12 Monate entspricht. Dann folge geradezu eine Explosion: Bis 1998 stieg diese Zahl nämlich auf 8.000 Terabytes. Zu Beginn des Milleniums wechselte man dann die Maßeinheit, plötzlich war von Petabytes die Rede, was einer Vertausendfachung des vorherigen Maßstabs entsprach.

> *Web-Traffic wächst von 1 TB auf 8000 TB (1991-98)*

Insofern geschah auch die Gründung von Google, um die es im vorherigen Kapitel ging, an einem historischen Wendepunkt: Just zu diesem Moment in der zweiten Hälfte der 1990er Jahre mutierte das World Wide Web von einer obskuren Nische der wenigen quasi im Zeitraffer zu einem

Massenmedium, dessen Look & Feel sich zunehmend dem heute bekannten Bild annäherte. Damit verschoben sich zugleich die Machtverhältnisse zwischen Produzenten und Usern. Es wurde zwar noch viel experimentiert und improvisiert, doch statt einzelnen Personen und deren „Homepages" oder Online-Konversationen in Chatrooms oder Newsgroups traten vermehrt Startups auf, die rasch zu Konzernen wuchsen. Dazu kamen bestehende Medienkonzerne, die ihre Aktivitäten auf dieses neue mediale Feld ausdehnten, zunächst eher experimentell. Große Hoffnungen gingen einher mit erheblicher Skepsis – schien doch das alte Mediensystem aus Print, Rundfunk und Fernsehen so fest etabliert, dass das Netz gedanklich nicht so richtig dazwischen passte. Stellvertretend für viele steht die scharfe Web-Kritik von US-Wissenschaftler Clifford Stoll, der im Jahr 1995 unter dem Titel *„Silicon Snake Oil: Second Thoughts on the Information Highway"* eine beißende Kritik der Web-Euphorie veröffentlichte, begleitet von einer Philippika im Magazin Newsweek (*„Internet? Bah!"*). Konservative Kulturkritik stieß hier auf grundsätzliche Unterschätzung der technischen Möglichkeiten. So prophezeite der in seinem Fach durchaus kompetente Astronom das Scheitern von E-Commerce wegen des fehlenden persönlichen Kontaktes ebenso wie aufgrund von Sicherheitsmängeln bei elektronischen Bezahlverfahren. Zugleich erklärte Stoll die Ersetzung der Printzeitung durch „Online-Datenbanken" für unsinnig und befand das Digitalisieren von Büchern für ökonomisch nicht zukunftsfähig.

> Clifford Stoll (*1950)

> Web-Skepsis 1995

„Seid gewarnt, ihr Lotus-Esser: Das Leben in der realen Welt ist weitaus spannender, viel wichtiger, viel reichhaltiger als alles, was ihr jemals auf einem Computerbildschirm finden werdet."[79] (Clifford Stoll, 1995)

> Web als Herausforderung der Mainstream-Medien

Die „alten" Medien waren tatsächlich auch mittelfristig weiterhin gefragt, um Informationen auszuwählen, zu gewichten und in Zusammenhänge einzuordnen, wie sich im Jahr 1998 angesichts eines ganz besonderen Medienereignisses zeigte – dem Skandal um den US-Präsident Bill Clinton und dessen Affäre mit der White House-Praktikantin Monica Lewinsky. Der Abschlussbericht des Sonderermittlers Kenneth Starr („STARR REPORT") zum Fall Cinton/Lewinsky wurde im September 1998 von 20 Millionen Internet-Nutzern heruntergeladen, was etwa 12 Prozent der erwachsenen US-Bevölkerung entsprach. Nie zuvor hatten soviele Menschen gleichzeitig ihren PC genutzt, um online auf ein einzelnes Dokument zuzugreifen. Doch wer las die hunderten Seiten wohl tatsächlich? Hier war doch wieder die Dienstleistung der Profi-Presse gefragt. Dass die Affäre überhaupt ins Rollen gekommen war, verdankte die Öffentlichkeit wiederum dem Netz. Denn erst als die Sensations-Website „DRUDGE REPORT" entsprechende Gerüchte verbreitete, sprangen die Mainstream-Medien auf den Zug auf.

Download-Seite der Washington Post, 1998

> **Starr Report mit 20 Mio. Downloads, 1998**

Selbst wenn ökonomische Faktoren – sprich: wer kann wieviel Kapital einsetzen, um seine Inhalte zu verbreiten – weiterhin eine Rolle spielten, zeigte das aber zugleich: durch das Web begann sich das Mediensystem für alle sichtbar neu auszutarieren. Es gab nun einen medialen Kanal, der prinzipiell allen Menschen offen stand, nicht nur als Empfänger, sondern auch als Aussender von Informationen. Neu austarieren musste sich zudem das Verhältnis zwischen Bürger und Staat. Das Internet war kein rechtsfreier Raum, doch welche Regeln galten tatsächlich, wie ließen sie sich durchsetzen? Und was war mit der digitalen Privatsphäre?

„Dem Drudge Report ist es zu verdanken, dass ich wohl die erste Person war, die durch das Internet eine weltweite Demütigung erfahren musste." (M. Lewinsky gegenüber Vanity Fair, 2014)

> **Die digitale Sphäre ist kein rechtsfreier Raum**

Parallel zu Begriffsschöpfungen wie „CYBERLAW" oder „DIGITAL RIGHTS" begannen sich die Netzbürger zu organisieren, um sich vor unangemessenen Zugriffen des Staates zu schützen. In den USA geschah dies im Rahmen der „ELECTRONIC FRONTIER FOUNDATION" bereits im Jahr 1990. Die Gründungsmitglieder JOHN GILMORE, JOHN BARLOW und MITCH KAPOR stammten nicht zufällig aus dem Umfeld der The WELL- Community stammten. Denn die Digital Natives der ersten Generation erlebten mit einer Mischung aus Erstaunen und Erschrecken, wie gering das Wissen von Politik, aber auch den Behörden in Sachen Digitaltechnik und

> **Digital Rights Aktivismus**

> **John Gilmore, John Barlow, Mitch Kapor**

> **Electronic Frontier Foundation**

vernetztem Alltag war. So mahnte Barlow in einem bereits 1990 online veröffentlichten Artikel: „*Amerika hat das Informationszeitalter betreten, ohne Gesetze oder begriffliche Vorstellungen davon zu besitzen, wie man Informationen angemessen schützt und übermittelt.*"[80] So kann es auch nicht verwundern, dass Cyber-Pionier Howard Rheingold die frühe Phase des bald darauf boomenden Webs in politischer Hinsicht als die entscheidende Phase ansah: „*Die späten 1990er Jahre könnten womöglich im Rückblick als ein schmales Zeitfenster erscheinen, während dessen es den Menschen entweder gelang, die Kontrolle über die Kommunikationstechnologie zurückzuerlangen, oder sie genau daran scheiterten.*" Deswegen war sich Rheingold sicher: „*Was als nächstes passiert, hängt größtenteils von uns selbst ab.*"[81]

> **Das schwierige Erbe des digitalen Grabens**

Doch wer war dieses „Wir" zu diesem Zeitpunkt überhaupt? Internet und World Wide Web bestimmten Ende der 1990er Jahre zwar immer stärker die Kommunikation zwischen den Menschen, und damit ihren Alltag in Arbeits- und Privatleben. Das utopische Ziel der Internet- und Web-Gründergeneration, alle Menschen miteinander zu vernetzen, lag jedoch zugleich noch in weiter Ferne. Ganz zurecht machte parallel zum Internet-Boom der Begriff des „DIGITALEN GRABENS" („Digital Divide") die Runde. Der Graben zwischen voll verkabelten Netzbürgern und der technisch abgehängten Analog-Gruppe glich an der Schwelle zum 21. Jahrhundert noch einem tiefen Abgrund. Während in den entwickelten Industrieländern im Jahr 1998 immerhin 17 Prozent der Bevölkerung online unterwegs waren, wurde in Entwicklungsländern lediglich um ein Prozent Online-Aktivität gemessen. Dazu gesellte sich noch ein Regional-, Gender- und Ethno-Gap. Die höchste Internet-Aktivität verzeichnete die privilegierte Minderheit der mittelalten weißen Männer in den Ballungsräumen der westlichen Industriestaaten. Das Netz engmaschiger und gleichmäßiger über alle Bevölke-

> *Digital Divide als globales Problem*

rungsschichten und über alle Regionen der Welt zu knüpfen, sollte also eine Daueraufgabe bleiben.

> **Geplatzte Träume an der Schwelle zum Millenium**
Doch etwas anderes schien ebenso klar zu sein. Das weltweite digitale Gewebe war kein Hype, sondern Zeichen eines historischen Umbruchs. Es ebnete den Weg in eine stark vernetzte, überwiegend digitale Zukunft.

Der beste Beweis dafür war ausgerechnet das Platzen der Dotcom-Blase im Frühjahr 2000. Fünf Jahre lang war es zuvor an der US-Technologiebörse NASDAQ bergauf gegangen, insgesamt stieg der Anlagewert der hier versammelten Digital-Startups seit dem ersten Boomjahr 1995 um 800 Prozent. Die geradezu überschwappende Liquidität führte dazu, dass viele Dotcom-Firmen einfach andere Dotcoms aufkauften, die ebenfalls überbewertet waren. Die fünfjährige Kursrallye am vollelektronischen Handelsplatz nahm dann aber ihr abruptes Ende. Eben noch hoch notierte Unternehmen waren plötzlich bankrott, als Aktionäre sich in Panik aus den völlig überbewerteten Anlageobjekten zurückzogen. So erging es etwa Online-Shopping-Portalen wie Boo.com (Mode), Pets.com (Tierfutter) oder Webvan (Gemüse), aber auch Telekommunikations-Firmen wie Worldcom oder Global Crossing. Bis zum Jahr 2002 sank der Wert der im NASDAQ notierten Aktiengesellschaften um beinahe 80 Prozent.

Einen wirtschaftlichen Totalverlust bedeutete das aber ganz und gar nicht – das Web war immer noch doch da, und gewann täglich viele neue Nutzer hinzu. Kapitalstarke Unternehmen wie Amazon, Google oder das Mitte der 1990er Jahre gegründete Auktionsportal ebay kamen deutlich besser durch die Krise. Die Marktbereinigung pünktlich zum Millenium sorgte letztlich dafür, dass sich das Web von einer Spielwiese für kleine Player noch rascher zum Aufmarschplatz einer Handvoll von weltweit agierenden großen Internetkonzerne entwickelte. Deren Wachs-

> *Dotcom-Blase platzt, 2000*

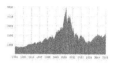

Nasdaq-Index ab 1995, Höhepunkt im Jahr 2000

„Noch im Dezember 1999 hatte ein Investor 'Business.com' für 8 Millionen Dollar gekauft. Der Business-'Plan': den Namen bis Ende März für 30 Millionen zu verscherbeln."[82] (Heise Online, 2010)

tum blieb gekoppelt an das Wachstum des World Wide Web, das bis heute keine Grenzen zu kennen scheint, und nicht aufhört, die Welt um uns herum radikal zu verändern. So radikal, dass sich sogar ein eigener Begriff für die Umwälzung ganzer Branchen in kürzester Zeit eingebürgert hat: Der früher geläufige Terminus „schöpferische Zerstörung" ist dem aggressiveren Begriff „Disruption" gewichen.

Die Annahmen des ARPA-Reports von 1981, die sich auf die ersten zehn Jahre Internet stützten, waren insofern nicht zu kurz gegriffen: *„Genau wie Telefon, Telegraf und Druckerpresse weit reichende Wirkungen auf die Kommunikation zwischen den Menschen hatten, ist das auch bei der weit verbreiteten Nutzung von Computer-Netzwerken so. (...) Die vollen Auswirkungen dieses einmal in Gang gesetzten technischen Wandels werden wir erst in vielen Jahren richtig einordnen können."*[83]

> **Personenlexikon & Glossar**

Personenlexikon

Abramson, Norman (1932-2020)
US-Computerswiss., richtete auf Hawaii das drahtloses Rechnernetzwerk ALOHAnet (1970f.) ein, Vorbild für d. von D. Boggs u. R. Metcalfe entwickelte Ethernet-Protokoll für lokale Netzwerke.

Adams, John
Brit. Ingenieur, entwickelt ab 1971 „Teletext", um Austastlücke zur Sendung u. Darstellung von Text auf TV-Bildschirmen zu nutzen, 1973 erste BBC-Testsendungen, 1974 „Ceefax"-Angebot.

Andreessen, Marc (1971-)
US-Unternehmer und Software-Entwickler, löst ersten WWW-Boom aus mit frühem Text-Bild-Browser „NCSA Mosaic" (1992), gefolgt vom kommerziellen „Netscape Navigator" (1994).

Atkinson, Bill (1951-)
US-Computerwiss., entwickelte für Apple Computer das multimediale, interaktive HyperCard-Karteikartensystem (1987f.), das mit Hyperlinks arbeitete u. Vorbild für die Browser-Entwicklung im frühen WWW wurde.

Baran, Paul (1926-2011)
US-Ingenieur, legt parallel zu »D. W. Davies theoretische Grundlage für eng vermaschter digitaler Netzwerke und Aufteilung der Daten in Pakete (1964f.), später beteiligt an ARPAnet-Planung.

Barger, John
US-Autor u. Blogger, schreibt 1989f. im Usenet, 1995f. Weblog „Robot Wisdom" ü. Themen wie Literatur, AI, Internet-Kultur, Tech-Trends, später m. »Dave Winers „Frontier"-Software.

Barratt, Virginia (1959-)
Austral. Wissenschaflerin u. Künstlerin, Mitautorin d. „Cyberfeminist Manifesto" (1991) (VNS-Matrix-Kollektiv, m. »J. Starrs, »J. Pierce, »F. d. Rimini).

Baudot, Émile (1845 - 1903)
Frz. Ingenieur u. Unternehmer, entwickelte 1870 ersten standardisierten Telegraphencode auf 5-Bit-Basis, später Vorbild für v. »B. Bemer u. »H. McGregor Ross begründeten ASCII-Code für Fernschreiber, Terminals und ARPAnet.

Becker, Joseph D.
US-Computerwiss., entwickelte 1988f. das Unicode-Zeichensystem als internationale Erweiterung d. v. »B.Bemer u. »McGregor Ross veröffentlichten ASCII-Codes, später Codierungs-Standard im WWW.

Bellovin, Steve
US-Computerwiss., begründet mit »J. Ellis u. »T. Truscott d. Usenet als ARPAnet-Alternative (1979) via Telefonzugang zu Unix-Rechnern u. mit Email-ähnlichen Postings.

Bemer, Bob (1920-2004)
US-Computerwiss., m. »H. McGregor federführend bei Entwicklung d. ASCII-/ISO-Codes für dig. Kommunikation. ASCII i. Europa als „Bemer-Ross-Code" eingeführt. Grundlage:» E. Baudots Telegraphencode.

Berners-Lee, Tim (1955-)
Britischer Physiker u. Informatiker, entwickelte zusammen mit »R. Cailliau am CERN d. Grundlagen d. World Wide Web (1990f.), etwa HTTP/HTML-Standards sowie d. ersten Browser.

Bezos, Jeff (1964-)
US-Ingenieur u. Unternehmer, gründete 1994 Amazon, A. entwickelt s. vom Online-Buchhandel zur z. globalen Onlineshopping-Plattform, B. wird einer der ersten Web-Milliardäre.

Boggs, David (1950-2022)
US-Computerwiss., entwickelte mit R. Metcalfe am Xerox-PARC das für lokale Netzwerke zentrale Ethernet-Protokoll, nach Vorbild des auf Hawaii genutzten Funknetzwerk-Standards ALOHAnet.

Brand, Stewart (1938-)
US-Unternehmer u. Counter-Culture-

Aktivist, Hrsg. d. „Whole Earth Catalogue", startete 1984 mit Larry Brilliant Online-Community The WELL („Whole Earth 'Lectronic Link").

Brecht, Bert (1898-1956)
Deutscher Dramatiker, B.s „Radiotheorie" (1927) diskutiert Potential drahtloser Kommunikationsnetze, welche d. Trennung zwischen Sender und Empfänger aufheben.

Brin, Sergey (1973-)
US-Computerwiss. u. Unternehmer, entwickelte 1996f. mit »L. Page auf Linkpopularität aufb. Ranking-Algorithmus f. Webseiten, Basis der Suchmaschine Google (1998f.).

Bush, Vannevar (1890-1974)
US-Ingenenieur, entwarf 1945 in seinem Essay „As we may think" d. universale Wissensmaschine „Memex", analog aber multimedial, unter Nutzung von assoziativen Verlinkungen.

Cailliau, Robert (1947-)
Belgischer Informatiker, entwickelte mit »T. Berners-Lee am CERN Grundlagen des World Wide Webs (1990f.), etwa HTTP/HTML-Standards sowie d. ersten Browser.

Cerf, Vinton Gray „Vint" (1943-)
US-Mathematiker u. Informatiker, entwickelt u.a. mit B. Kahn frühe Internetprotokolle (TCP/IP etc., 1974f.), schlägt Netz-Erweiterung vor ("network of networks"), setzt sich international für IP-Standard im Internet ein.

Chabrier, Bruno
frz. Programmierer, schrieb zusammen mit »V. Lextrait das Online-Rollenspiel MAD, welches im BITNET lief (1984f.).

Chaum, David (1955-)
US-Computerwiss., entwickelte wichtige kryptographische Standards, gilt als Erfinder des digitalen Geldes, gründete Unternehmen DigiCash (1990f.), das elektronische Geldgeschäfte via Internet ermöglichte; digitale Währung E-Cash (1995).

Christensen, Ward (1945-)
US-Hacker, erschafft m. R. Suess 1978 erste „Bulletin Board System" (BBS) -Software, eine Art digitales schwarzes Brett, um per PC und Telefon-Modem Informationen auszutauschen.

Clark, Wesley (1927-2016)
US-Physiker u. Personal Computer-Pionier, erfand als Netzwerk-Schnittstelle dienenden „Interface Message Processor", der jahrzehntelang als Daten-Router für das ARPAnet diente (1969f.).

Clarke, Arthur C. (1917-2008)
Britischer Schriftsteller, verband H.G. Wells „World Brain"-Idee mit der friedlichen Nutzung von zuvor militärische genutzten Supercomputern der Weltmächte USA und Sowjetunion.

Codd, Edgar F. (1923-2003)
brit. Mathematiker, entwickelte Prinzip d. relationalen Datenbank u. Abfrage-Sprache SEQUEL, Vorläufer z. späteren Webstandard SQL, mit dem Content Management- o. E-Commerce-Plattformen arbeiten.

Crocker, Steve (1944-)
US-Mathematiker, legt mit erstem Request for Comment (RFC1, 1969) Grundlage f. informelle Diskussion u. Einführung von Internetstandards innerhalb d. „Network Working Group" (NWG).

Danke, Eric (1940-)
Dtsch. Informatiker, leitete Aufbau d. BTX-Dienstes der Bundespost nach Vorbild d. brit. „Prestel"-Angebotes, ab 1995 Leiter des Bundespost-Webdienstes T-Online.

Da Rimini, Francesca
Austral. Medienkünstlerin, Mitautorin d. „Cyberfeminist Manifesto" (1991), VNS-Matrix-Kollektiv, m. »J. Starrs, »J. Pierce, »V. Barratt.

Davies, Donald W. (1924-2000)
Brit. Physiker, entwickelt parallel zu »P. Baran Idee eng vermaschter digitaler Netzwerke u. Packet Switching (1963f.), baut brit. NPL-Netzwerk auf (1969f.).

Ellis, James (1956-2001)
US-Computerwiss., begründet mit »T. Truscott u. »S. Bellovin d. Usenet als ARPAnet-Alternative (1979) via Telefonzugang zu Unix-Rechnern u. mit Email-ähnlichen Postings u. Newsgroups.

Emtage, Alan
Kanad. Computerwiss., entwickelte die frühe Internet-Suchmaschine „Archie" (1986f.), mit der man nach Download-Dateien auf FTP-Servern recherchieren konnte.

Engelbart, Doug (1913-2025)
US-Wissenschaftler, skizziert kreative Computer-Nutzung (Augmenting Human Intellect, 1962), Maus-Erfinder, „Mother of all Demos" (1968) zeigt interaktive graf. Nutzeroberfläche m. Hyperlinks.

Enzensberger, Hans-Magnus (1929-2022)
Dtsch. Schriftsteller u. Medientheoretiker, veröffentlichte programmatisches Essay rund um elektronische Massenmedien (Baukasten zu einer Theorie der Medien, 1970) betont deren Netzwerk-Potentiale wie etwa Dezentralisierung, Interaktion, Selbstorganisation.

Fahlman, Scott (1948-)
US-Computerwissenschaftler, führt 1982 das Smile-Emoticon (Tongue in Cheek) als Kommentar ein, um in der E-Mail-Kommunikation unter Kollegen Emotionen besser ausdrücken zu können.

Fedida, Samuel (1918-2007)
Brit. Ingenieur, entwickelt 1968f. einen via Telefon, Tastatur u. TV-Gerät zugänglichen Bildschirmtext, als britisches „Viewdata"/"Prestel" 1979f., Vorbild für deutschen BTX-Dienst.

Feinler, Elizabeth Jake (1931-)
US-Wissenschaftlerin, betreut im „NIC" (Network Information Center) d. ARPAnet-Verzeichnis u. Mailverzeichnis, Mitglied der Network Working Group, entwickelt Domain-Name-Schema zur Identifizierung v. Rechnern im Netz.

Felsenstein, Lee (1945-)
US-Hacker u. PC-Pionier, beteiligt am „Resource One"-Projekt (San Francisco, 1973f.), PC-Projekt „John Swift Terminal", Mitgründer d. Homebrew-Computer Clubs.

Filo, David (1966-)
US-Unternehmer, gründete mit »J. Yang d. Webverzeichnis „Jerry a. David's Guide to the WWW" (1994f.), später zu Online-Portal »Yahoo inkl. Suchmaschine erweitert.

Freeman, Greydon (1940 - 2015)
US-Ingenieur, begründete zusammen mit »G. Freeman das mit einem Netzwerkprotokoll für IBM-Mainframe-Rechner betriebene akademische Netzwerk BITNET (1981f.), Anfang der 1990er Jahre ca. 3.500 Netzknoten weltweit.

Fuchs, Ira (1948-)
US-Computerwiss., begründete zusammen mit »I. Fuchs das mit einem Netzwerkprotokoll für IBM-Mainframe-Rechner betriebene akademische Netzwerk BITNET (1981f.), um 1990 bis zu 3.500 Netzknoten weltweit.

Gates, Bill (1955-)
US-Informatiker, Mitgründer des Software-Konzerns Microsoft, entwickelt BASIC-Interpreter für Heimcomputer, MS-DOS Betriebssystem für IBM PCs, Windows-Fenstermanager.

Gibson, William (1948-)
US-Autor, schuf mit „Neuromancer" (1984) neues SciFi-Subgenre, d. u. Leben in Netzwerken und virtuelle Realität kreist, Schöpfer d. Begriffe „Cyberspace", „Matrix", „Cyberpunk".

Gilmore, John (1955-)
US-Coder, Mitgründer d. Electronic Frontier Foundation, initiiert alt.*-Rubrik im Usenet, wichtige Beiträge für d. GNU-Projekt, entwickelt Bootstrap-Netzwerkprotokoll (Vorgänger v. DHCP).

Gleissner, Michael J.G. (1969-)
dtsch. Unternehmer, gründete m. »U.Stadler d. erste deutsche Online-

Buchhandlung Telebuch (1991), die erst via BTX, später via WWW (1995f.) erreichbar war.

Goldberg, Adele (1945-)
US-Computerwiss., entwickelt am Xerox Palo Alto Research Center (PARC) ab 1970 mit Alan Kay mausgesteuerte grafische Benutzeroberfläche „Smalltalk OS".

Goltz, John R.
US-Unternehmer, gründet 1969 Compuserve, anfangs Time-Sharing-Dienstleister, ab 1979 „dial-up online informations service", später wichtigster Online-Service nach Prodigy und AOL.

Gore, Al (1948-)
US-Politiker, fördert Ausbau d. Internets ("National Information Infrastructure"), insb. „Gore Bill" (1991), als Folge u.a. Entwicklung v. Mosaic-Browser a. NCSA-Institut Illinois.

Hacket, Simon
US-Computerwiss., entwarf mit »John Romkey e. Toaster, der sich über das Internet ein- u. ausschalten ließ (1990), Prototyp für das Internet der Dinge.

Hall, Justin (1974-)
US-Journalist, startet Web-Tour-Guide u. Online-Diary „Justin's Links from The Underground" (1994f.), gilt als „Gründervater d. persönlichen Bloggens".

Hall, Wendy
brit. Informatikerin, entwickelte Hypertext-System „Microcosm" (1989), automatisch upgedatete Metadaten-Links, gilt als leistungsfähige HTML-Alternative.

Hardt-English, Pam (1947-)
US-Computerwissenschaftlerin, Mitgründerin des „Resource One Projekt" (San Francisco 1973f.), beschafft für das Projekt e. SDS 940-Großrechner.

Hart, Michael (1947-2011)
US-Informatiker u. E-Book-Pionier, gründete „Project Gutenberg", begann 1971 mit Digitalisierung gemeinfreier Texte, verschickte Downloadlinks per E-Mail im ARPAnet.

Hayes, Dennis C. (1950-)
US-Unternehmer u. Ingenieur, entwickelte das erste integrierbare u. programmierbare PC-Modem (1981), d. Nutzung v. Netzwerken und Mailbox-Services erleichterte.

Herzfeld, Charles M. (1925-2017)
US-Wiss., gibt als DARPA-Direktor d. Startschuss für ARPAnet-Projekt (1966), beeinflusst v. »Lickliders Idee d. „Man-Computer-Symbiosis".

Holland, Wau (1951-2001)
Dtsch. Journalist u. Computeraktivist, Mitgründer des Chaos-Computerclubs (1981f.), Pionier in Sachen Informationsfreiheit u. Datenschutz in Netzwerken wie BTX u. Internet.

Hopper, Grace (1906-1992)
US-Mathematikerin und Computerpionierin, arbeitet ab 1944 mit Mark I-Rechner, erste „Coderin", schrieb ersten Compiler, federführend bei Entwicklung von Programmiersprache COBOL.

Horn, Stacy (1956-)
US-Unternehmerin und Autorin, gründete 1990 in New York d. Online-Community „ECHO" (East Coast Hangout) als Gegenstück zu Stewart Brands „The WELL".

Hughes, Eric
US-Mathematiker u. Coder, mit »T.C. May Mitgründer d. Cypherpunk-Bewegung (1992), Cypherpunk-Mailingliste, Autor d. Cypherpunk-Manifesto.

Jennings, Tom (1955-)
US-Künstler u. Coder, entwickelte 1983 FidoNet-Protokoll, weltweit vor dem WWW-Boom genutzt f. Netzwerk privater Mailboxen (BBS) m. E-Mail- (Netmail) u. Newsgroup-Service (Echomail).

Joy, Bill (1954-)
US-Coder, verbesserte das v. »D. Ritchie u. »K. Thompson entwickelte Betriebssystem

UNIX (Berkeley Unix/BSD), integriert bereits frühzeitig Arpanet-Netzwerkprotokoll TC/IP.

Kahn, Bob (1938-)
US-Ingenieur, organisiert mit »A. Vezza erste ARPAnet-Demo (1st International Conference on Computer Communication, Wash. 1972), entwickelt Internet-Protokolle (TCP/IP) mit V. Cerf.

Kay, Alan C. (1940-)
US-Informatiker, entwickelt m. »A. Goldberg am XEROX PARC grafische Nutzeroberfläche „Smalltalk", skizziert m. „Dynabook" Laptop-Prototyp als mobile multimediale Lernumgebung mit drahtlosem Zugang zu digitalen Netzwerken.

Kimsey, Jim (1939-2016)
US-Unternehmer, gründete frühen Internet Service Provider „Quantum Link" (1985), anfangs f. Commdore-Computer, später Ausweitung auf Apple u. PC u. Umbenennung i. America Online (AOL).

Krol, Ed (1951-)
US-Computerwiss., entwickelte federführend das akad. Rechnernetzwerk »NSFNet; verfasste erste Anleitung zur Internetnutzung (Hitchhikers Guide to the Internet, 1987).

La Fontaine, Henri Marie (1854-1943)
Belg. Völkerrechtskundler, Pazifist u. Feminist, gründet mit »P. Otlet d. „Mundaneum" (1898f.), multimediales Archiv d. weltweiten Wissens, Friedensnobelpreisträger (1913).

Leue, Günther (1924 - 2010)
Dtsch. Unternehmer u. DFÜ-Pionier, gründete ersten dtsch. Online-Dienst GeoNet (1981f.), umging Postmonopol mit Gründung e. Vereins zur Förderung der Telekommunikation (VFTK, 1984f.), Startsignal für die Mailbox-Bewegung.

Levy, Jaime (1966-)
US-Coderin u. Webdesignerin, startet 1990f. Online-Magazine mit Hilfe v. Apples HyperCard-Software; Multimedia-E-Book; Online-Cartoon; Multi-user-Environment „The Palace" (1996).

Lextrait, Vincent
frz. Programmierer, schrieb zusammen mit »B. Chabrier das Online-Rollenspiel MAD, welches im BITNET lief (1984f.).

Licklider, J.C.R. (1915-1990)
US-Psychologe, Pionier interaktiver Benutzeroberflächen, „Man-Computer-Symbiosis" (1960), gründet 1964 ARPA-Abteilung u. Internet-Keimzelle „Information Processing Techniques Office".

Lipkin, Efrem (1950-)
US-Hacker, beteiligt am terminalgestützen „Resource One"-Projekt, (San Francisco, 1973f.), codet Nutzeroberfläche „Resource One Generalized Information Retrieval System" (ROGIRS).

Mann, Steve (1962-)
Kanad. Ingenieur, gilt a. „Father of Wearable Computing", übertrug 1994f. mit selbst erfundener Drahtlos-Webcam s. Alltag mobil u. live ins Web, Schöpfer d. Begriffs „sousveillance".

Marti, Bernard (1943-)
Frz. Ingenieur, entwickelt 1976f. aus frz. Teletext-Technik „Antiope" die interaktive Variante „Minitel"-Format, Zugang ü. das v. G. Théry entwickelte „Transpac"-Netzwerk.

May, Timothy „Tim" C. (1951-2018)
US-Ingenieur u. Autor, mit »E. Hughes Mitgründer d. „Cypherpunks" (1992) u. Initiator d. crypto-anarchistischen Bewegung.

McCahill, Mark P. (1956-)
US-Computerwiss., entwickelte diverse Internet-Technologien wie den Mail-Client POPmail (1989), d. Internet-Adressierungs-Methode URL u. das Gopher-Protokoll für Dokumentenserver (1991).

Mc Gowan, William G. (1927-1992)
US-Unternehmer, gründete m. »V. Cerf Mail-Service MCI Mail (1983f.), erster kommerzieller E-Mail-Dienstleister mit

Direktanschluss an das Internet (1989)
McGregor Ross, Hugh (1917-2014)
brit. Computerpionier, mit »B. Berner federführend bei Entwicklung d. ASCII-Codes sowie ISO-Codes für digitale Kommunikation. ASCII wurde in Europa als „Berner-Ross-Code" bekannt. Grundlage war » E. Baudots Telegraphencode.

McIntyre, Colin (1972-2012)
Brit. Journalist u. Redakteur, leitete Einführung d. „Ceefax"-Teletext der BBC (1974f.), neben aktuellen Informationen a. Übertragung v. Heimcomputer-Programmen (Telesoftware).

Metcalfe, Robert „Bob" (1946-)
US-Computerwiss., entwickelte mit D. Boggs am Xerox-PARC d. Ethernet-Protokoll für lokale Netzwerke, Vorbild ist Funknetzwerk ALOHAnet (Hawaii). Autor d. Scenario-Katalogs für erste öff. ARPAnet-Demo (1972).

Mexandeau, Louis (1931-2023)
Frz. Politiker, als Postminister (1981-86) verantwortlich für Einführung d. Minitel-Bildschirmtextes („père du Minitel"), sowie f. Ausbau u. Weiterführung mit staatl. Investitionen.

Mexner, Wolfgang
Dtsch. Progammierer, entwickelte 1984f. mit H. Schröder die Zerberus-Mailbox-Software, Grundlage für das Z-Netz u. weitere Mailbox-Netzwerke wie CL-Netz, T-Netz, Zamir-Netz.

Milhon, Jude (1939-2003)
US-Hackerin, beteiligt am terminalgestützten Projekt „Resource One" (San Francisco, 1973f.), später Begründerin der „Cypherpunks", Mondo-2000-Herausgeberin.

Nelson, Ted (1937-)
US-Wissenschaftler, Erfinder d. digitalen Hypertext-Konzeptes, 1967f. m. »Andries v. Dam erster Praxistest als Hypertext Editing System (HES) für IBM-Großrechner.

Oikarinen, Jarkko ()
Finn. Computerwiss., entwickelte 1988f. das Relay-Chat-Protokoll für das Netzwerk BITNET und kurz darauf f. das Internet (»IRC).

Otlet, Paul (1868-1944)
Belgischer Jurist und Bibliograph, gründete 1898 m. H.M. LaFontaine d. „Mundaneum", multimediales Archiv des weltweiten Wissens, mit standardisieren Karteikarten organisiert.

padeluun
dtsch. Künstler u. Netzaktivist, zusammen mit »R. Tangens Mitgr. des Datenschutz- und Informationsfreiheits-Vereins FoeBuD, federführend b. Entwicklung d. Mailbox-Netze Z-Netz u. CL-Netz.

Page, Larry (1973-)
US-Computerwiss. u. Unternehmer, entwickelte 1996f. mit »S. Brin auf Linkpopularität aufb. Ranking-Algorithmus f. Webseiten, Basis der Suchmaschine Google (1998f.).

Papes, Theodore
US-Unternehmer u. Online-Pionier, gründet 1984 „dial-up online service" mit graphischem User-Interface, bereits 1994 voller WWW-Zugang, wird später Teil von Yahoo.

Pellow, Nicola
brit. Computerwiss., entwickelte am »CERN d. textbasierten, plattform-übergreifenden Browser „www" (1990), der das World Wide Web global bekannt machte; später Mitentwicklung v. erstem MacOS-Browser MacWWW beteiligt

Perlman, Radia (1951-)
US-Ingenieurin u. Programmiererin, entwickelte wichtige Internet-Standards, darunter das zur effizienten Netzwerknutzung führende „Spanning Tree Protocol" (SPT).

Pierce, Juliana
Austral. Medienkünstlerin, Mitautorin d. „Cyberfeminist Manifesto" (1991), VNS-Matrix-Kollektiv, m. »J. Starrs, »F. d. Rimini, »V. Barratt; Mitglied „Old Boys Network"

Pouzin, Louis (1931-)
Frz. Computerwissenschaftler u. Netzwerkpionier, leitet ab 1970 Aufbau des CYCLADES-Netzwerks am Forschungsinstitut IRIA, nutzt dabei Packet-Switching-Idee von »D. W. Davies.

Rheingold, Howard (1947-)
US-Sozialwiss., untersucht seit 1980er Jahren Online-Netzwerke, prägt mit Studie „Virtual Community - Homesteading o. t. Electronic Frontier" (1993) Begriff „virtuelle Gemeinschaft".

Ritchie, Dennis (1941-)
US-Coder, begründet für Netzwerkserver grundlegendes Betriebssystem UNIX., zus. mit »K. Thompson u. »B. Joy.

Romkey, John
US-Computerwiss., entwarf mit »Simon Hackett e. Toaster, der sich über das Internet ein- u. ausschalten ließ (1990), gilt als Prototyp für vernetzte Geräte u. das Internet der Dinge.

Schambach, Stephan (1970-)
Dtsch. Unternehmer u. E-Commerce-Pionier, entwickelt 1994f. erste Standard-Software für E-Commerce-Plattformen im Internet. Rasche Expansion u. Börsengang (1998), 2000f. prominentes Opfer der „Dot Com"-Krise.

Schröder, Hartmut „Hacko"
Dtsch. Progammierer, entwickelte 1984f. mit W. Mexner die Zerberus-Mailbox-Software, Grundlage für das Z-Netz u. weitere Mailbox-Verbünde wie CL-Netz, T-Netz, Zamir-Netz.

Sherman, Aliza (1964-)
US-Unternehmerin u. Web-Aktivistin, gründete Internet-Firmen Cybergrrl Inc. u. Webgrrl International (1995f.), um technik- u. webaffine Frauen zu vernetzen u. zu beruflich zu fördern.

Stadler, Ulrike
dtsch. Unternehmerin, gründete m. »M. Gleissner d. erste deutsche Online-Buchhandlung Telebuch (1991), die erst via BTX, später via WWW (1995f.) erreichbar war.

Stallman, Richard (1953-)
US-Informatiker u. Copyleft-Aktivist, gründet GNU-Projekt u. Freie Software-Bewegung (1985), Ziel: freie UNIX-Alternative, entwickelt „GNU Public License" (1989).

Starrs, Josephine (1955-)
Austral. Medienkünstlerin, Mitautorin d. „Cyberfeminist Manifesto" (1991), VNS-Matrix-Kollektiv, m. »J. Pierce, »F. d. Rimini, »V. Barratt, thematisiert Zshg. v. Gender, Technik, Macht.

Stoll, Clifford (1950-)
US-Astronom u. Autor, frühe Web-Kritik („Silicon Snake Oil: Second Thoughts on the Information Highway", 1995), prognostiziert u.a. Flop von E-Commerce, E-Publishing im Ggs. zu analogen Medien

Suess, Randy (1945-2019)
US-Hacker, erschafft m. »R. Suess 1978 erste „Bulletin Board System" (BBS)-Software, d.h. digitales schwarzes Brett, um via Telefon-Modem Informationen auszutauschen.

Tangens, Rena (1960-)
dtsch. Künstlerin, Netz-Pionierin u. Datenschutzaktivistin, initiiert 1988 mit »B. Thoens „Haecksen"-Gruppe im v. »W. Holland mitgegründeten CCC, als Coderin mit »padeluun beteiligt am Mailboxprogramm Zerberus.

Tappan Morris, Robert (1965-)
US-Computerwiss. u. Unternehmer, schrieb als Student den ersten als Schadsoftware eingestuften Internet-Worm (1985), der sich im Netz verbreitete u. zahlreiche Rechner lahmlegte.

Taylor, Bob (1932-2017)
US-Informatiker, leitet 1966 - 1969 als „ICPTO"-Direktor Entwicklung d. ARPA-net, ab 1970 am Palo Alto Research Center (PARC) Mitentwickler des Alto-PC.

Théry, Gérard (1933-2021)
Frz. Ingenieur, gilt als „Vater des Minitel", entwickelt 1976f. frz. Transpac-Netzwerk, Basis für Bildschirmtext-Angebot „Minitel", 1980f. mehrere Mio. Nutzer.

Thoens, Barbara (1940 - 2023)
Dtsch. Politologin u. Netzaktivistin, initiiert 1988 mit »R. Tangens d. „Haecksen"-Gruppe im v. »W. Holland mitgegründeten CCC.

Thomas, Bob
BBN-Progammierer, schrieb ersten Internet-Worm (Creeper, 1971), der via Netzwerk von Rechner zu Rechner wanderte. Von »Ray Tomlinson erweitert zu „Reaper" (1972).

Thompson, Ken (1943-)
US-Coder, begründet d. für Netzwerkserver grundlegende Betriebssystem UNIX, zus. mit »D. Ritchie sowie »B. Joy; entwickelt für WWW wichtige UTF-8-Zeichencodierung (1992).

Tomlinson, Ray (1941-2016)
US-Informatiker, begründet E-Mail-Standards im ARPAnet, „@"-Zeichen als Trenner zwischen Personen- u. Hostnamen (1971); erweitert »B. Thomas Internet-Worm „Creeper" zu „Reaper".

Torvalds, Linus (1969-)
Finn. Informatiker, entwickelt auf Grundlage v. »R. Stallmans GNU-Projekt freies Betriebssystem LINUX (1991f.) als Alternative zu dem v. »K. Thompson u.a. geschaffenen UNIX; Grundlage für Webserver.

Truscott, Tom
US-Computerwiss., begründet mit »J. Ellis u. »S. Bellovin d. Usenet als ARPAnet-Alternative (1979) via Telefonzugang zu Unix-Rechnern u. mit Email-ähnlichen Postings.

Van Dam, Andries (1938-)
US-Computerwiss., entwickelte m. Hypertext-Erfinder »Ted Nelson Hypertext-Editing-System (HES) für IBM-Großrechner (1967f.), für d. NASA weiterentwickelt zu FRESS (File Retrieving a. Editing System).

Vezza, Al
US-Computerwissenschaftler, organisiert mit »B. Kahn erste Live-Demo des Internets (First International Conference on Computer Communication, Washington 1972).

Wei, Pei-Yuan
US-Computerwiss., entwickelte ersten Webbrowser für Unix-Systeme, funktional orientiert an v. »B. Atkinson erfundenen »HyperCard-Software zur interaktiven Organisation von Wissensbeständen.

Wells, H.G. (1866-1946)
Britischer Schriftsteller, skizzierte 1936 d. Idee e. auf Mikrofilm basierenden „World World Knowledge Apparatus" bzw. „World Brain" zur Förderung friedlicher weltweiter Kooperation.

Wilkes, Mary Allan (1937-)
US-Juristin u. Programmiererin, entwickelte Betriebssystem für LINC-Computer, gilt a. erste Person weltweit die e. „Personal"-Computer im eigenen Haus benutzt hat.

Winer, Dave
US-Programmierer, entwickelte frühe Web-Publishing-Software Frontier für Mac,, betreibt frühes Weblog „Scripting News" (1997f.) inspirierte Blogging-Pioniere wie »John Barger.

Yang, Jerry (1968-)
US-Unternehmer, gründete mit »D. Filo d. Webverzeichnis „Jerry a. David's Guide to the WWW" (1994f.), später zu Online-Portal »Yahoo inkl. Suchmaschine erweitert.

Zimmermann, Phil (1954-)
US-Computerwiss., entwickelte kryptographische Public-Key-Verschlüsselungs-Software PGP, 1991f. via Internet/FTP weit verbreitet, insbes. zum Schutz d. E-Mail-Kommunikation.

Zorn, Werner (1942-)
Dtsch. Ingenieur u. Computerwissensch., 1984 erste regulär in Dtld. empfangene E-Mail via Internet, Einsatz f. TCP/IP-Standard in dtsch. Rechnernetzen (EARN etc.).

Glossar

ABC-Bücherdienst
von »ULRIKE STADLER u. »MICHAEL J.G. GLEISSNER gegründete Onlinebuchhandlung, die anfangs unter der Adresse *TELEBUCH# über »BTX erreichbar war (1991f.), später über das Internet (telebuch.de, 1995f.). Angeboten wurden deutsche u. fremdsprachige Bücher. Zum Erfolgsrezept gehörte die direkte Recherche in der Datenbank, die Kataloginformationen von mehr als 700.000 Titeln enthielt, so etwa 300.000 englischsprachige. US-Ware wurde wöchentlich per Luftfracht nach Deutschland gebracht, deutsche Titel waren meist binnen 24 Stunden lieferbar.
Der ABC-Bücherdienst wurde schließlich vom aufstrebenden US-Buchhändler Amazon übernommen u. noch im selben Jahr in Amazon.de umbenannt (1998).
Telebuch selbst hatte zu diesem Zeitpunkt bereits Filialen in Spanien, den USA u. Namibia. Das Unternehmen gilt als eines der ersten, das E-Commerce in Deutschland betrieben hat.

ActiveX
Mit Java konkurrierende Software für Microsofts Internet Explorer (1996f.), bereits im frühen WWW wichtig für interaktive Funktionen. Wurde vielfach kritisiert, da anders als Java nur in Windows-Umgebung lauffähig.

Add-On
(engl. „Zusatz"), oft synonym mit Browser-»Plugin benutzt, aber in der Regel umfangreicherer Programmcode. So ließ sich etwa Microsofts » Internet Explorer ab Mitte der 1990er Jahre mit dem VRML Add-on zu einem 3D-Viewer aufrüsten.

(A)DSL
(engl. Abk., (Asymmetric) Digital Subscriber Line, Digitaler Teilnehmeranschluss), digitales Datenübertragungsprotokoll mit extrem hoher Kompression (bis zu 9.000 Kilobytes pro Sekunde), deutlich schneller als ISDN (128 Kbps) oder ein analoges Modem (28,8 - 56,0 Kbps). In der zweiten Hälfte der 1990er Jahre aufscheinende Möglichkeit, unerhört rasant im Web zu surfen, jedenfalls dort, wo dieser Dienst schon verfügbar war. Für Privatkunden in Deutschland war es erst Mitte 1999 so weit. Ein sogenannter „Splitter" sorgte dabei zunächst für die Trennung von Sprachtelefonie und Datenübertragung, für die Modulation der Datensignale war ein DSL-Modem zuständig. Das „A" in ADSL steht für Asynchron, anders als bei „vollem" DSL ist dabei die Download-Bandbreite größer als die Upload-Bandbreite.

Agent
Dienstprogramm, das komplexe Aufträge vollautomatisch durchführt, etwa Musiktitel finden oder günstige Angebote auf E-Commerce-Seiten zusammenstellen. Soweit es um massenhaftes Katalogisieren oder Prüfen von Webinhalten geht, auch Spider, Crawler oder Robot genannt. Auch »Avatare können von Agents gesteuert werden.

ALOHAnet
drahtloses Rechnernetzwerk der Universität Honolulu/Hawaii, das Standorte auf einzelnen Inseln des Atolls miteinander verband. Das v. US-Computerwiss. »Norman Abramson entwickelte ALOHA-Netzwerkprotokoll wurde zur Basis des Ethernet-Protokolls für kabelgebundene u. drahtlose lokale Netzwerke. Das A.-Net nutzte wie das ARPAnet die »Packet-Switching-Methode. Durch den Anschluss des ALOHAnet an das ARPAnet (1972) per Satellitenverbindung wurde das „Netz der Netze" (d.h. Internetwork/Internet) prinzipiell begründet.

AltaVista
Suchmaschine im frühen WWW (1995f.), führte als erste eine Volltextrecherche nach relevanten Seiten durch, die als Ranking angezeigt wurden. Entwickelt von L. Monier, J. Paquette und P. Flaherty. Galt bis 1999 neben HotBot als erfolgreichste

Volltext-Suchmaschine, dann von Google abgelöst. Zeitweise Kooperation mit der in Deutschland wichtigen Suchmaschine »Fireball. Altavista befand sich zuletzt im Besitz von »Yahoo.

Akustikkoppler
Vor der Einführung von selbst wählenden »Modems wurde nach dem Wählen einer »Mailbox-Nummer per Hand der Telefonhörer auf spezielle Gummipropfen gesteckt, die Mikrofon und Lautsprecher enthielten. So ließen sich von einem externen Modem codierte Signale über das Telefonnetz direkt von Computer zu Computer übertragen. Im Net-Jargon des »Chaos-Computerclubs wurde der Akustikkoppler auch „Datenklo" genannt.

Alias/Nickname
Schon bei frühen Online-Diensten waren Pseudonyme, Spitznamen oder Namenskürzel üblich, teils aus Bequemlichkeit, teils auch schon aufgrund von Datenschutzbedenken. Ähnlich den späteren »Bookmarks im Browser ersparten „Aliasse" auf jeden Fall viel Tipp-Arbeit.

Anonymous FTP
(engl. Anonymes File Transfer Protokoll), erlaubt den öffentlichen »FTP-Zugriff auf ein Online-Archiv mit dem Passwort „anonymous", etwa für Software-Downloads. Der Zugriff ist in der Regel auf den Ordner „pub" beschränkt.

Apache Webserver
siehe »Webserver

AOL
Abk. für America Online, Internet Service Provider u. Online-Portal, ursprünglich gegründet 1985 als auf Commodore-»Heimcomputer C64 spezialisierter Online-Dienst »QUANTUM LINK (1985), später in AOL umbenannt u. als Angebot für PC u. Mac-Computer ausgeweitet (1989), galt Mitte der 1990er Jahre in den USA als Marktführer mit mehr als 6 Millionen Abonnenten. Der Ableger AOL Deutschland wurde auch für viele hiesige Nutzer das Einfallstor in das World Wide Web.

Archie
(Assoziation v. „Archiv" sowie Spitzname „Archie" f. Archibald, zudem Anspielung auf den Comicheld der Serie „Archie"), vor WWW und Web-»Suchmaschinen eine wichtige Suchhilfe, um sich auf »Anonymous FTP - Portalen zurechtzufinden, entwickelt v. »A. Emtage (1986f.). Der Archie-Client auf dem eigenen Rechner verband sich mit einem entfernten Archie-Server, und durchsuchte dort eine aktualisierte Liste aller verfügbarer Dateien diverser FTP-Sites. Dann wurde ggf. die Download-Adresse der jeweils gesuchten Datei angezeigt. Der Download selbst erfolgte via »FTP. Besonders beliebt war in der Windows-Welt der Archie Client „WS_Archie". (siehe auch die Archie-ähnliche Suchhilfe »Veronica)

ARPAnet
(engl. Abkürzung: Advanced Research Projects Administration Network),
siehe »Internet

ASCII-Art
mit dem beschränkten Zeichenvorrat des »ASCII-Textmodus erstellte „Grafiken", etwa als Teil der automatisch angefügten E-Mail-Signatur oder der Nutzer-Signatur in Webforen. Bereits in den »Usenet-Foren waren ASCII-Kunstwerke und ASCII-Karrikaturen populär, dort gab es eigene Newsgroups nur zu diesem Thema, etwa „alt.ascii-art" oder „rec.arts.ascii". Auch auf den textbasierten »Bulletin Board Systems (BBS) und im BTX-Netz gehörten ASCII-Grafiken zum Look & Feel dazu. Bis heute sind im Web verbreitet sind u.a. ASCII-Grafiken von BOB ALLISON (alias „Boba" alias „Scarecrow").

ASCII
(engl. Abk. American Standard Code for Information Interchange), 1963 von der American Standards Association (ASA) eingeführte Standard-Zeichenkodierung für die elektronische Kommunikation. AS-

CII definiert 128 Zeichen, davon 95 druckbar, insbesondere das lateinische Alphabet, Ziffern 0-9, Satz- und Sonderzeichen. Zeichenmenge entspricht der englischsprachigen Schreibmaschinentastatur. Wird in der EDV binär codiert, so entspricht das „A" (Zeichen Nr. 65) dem 7-Bit-Code 100 0001, das Zeichen „Z" (Zeichen Nr. 90) dem 7-Bit-Code 1011010. Ursprünglich gab es nur Großbuchstaben.

ASCII war wurde zuerst für US-amerikanische Fernschreibermodelle genutzt, und geht insofern auf den von »EMILE BAUDOT 1870 erfundenen Telegraphen-Code (BAUDOT-CODE) zurück. Da vor der Einführung von Monitoren Fernschreiber als Ein- und Ausgabegeräte für Computer fungierten, wurden auch von Anfang an Computerprogramme wie auch die Kommunikation im ARPAnet auf Grundlage von ASCII codiert.

ASCII wurde in Europa auch unter dem Namen „BEMER-ROSS-CODE" bekannt, nach den federführenden Entwicklern »HUGH MCGREGOR ROSS u. »BOB BEMER.

Avatar

digitaler graphischer Doppelgänger, der sich stellvertretend für den Nutzer durch die virtuelle Welt des World Wide Webs bewegt, etwa »virtuelle Chatworlds. Man träumte auch bereits von virtuellen Bibliotheken, Shopping Malls oder Vorlesungsräumen, wo dann idealerweise auch noch ein »Agent im Auftrag des Nutzers recherchiert, einkauft oder aufzeichnet.

Backbone

(engl. Rückgrat) wichtige Datenleitung, über die der gesamte „Traffic" zwischen Netzknotenpunkten abgewickelt wird. Anfangs waren das vor allem Glasfaser-Verbindungen zwischen Universitätsstandorten. Einzelne Maßnahmen wie der „High performance Computing Act" (1991, wegen der wichtigen Rolle des damaligen US-Senators »AL GORE auch »Gore Bill genannt) sorgte für den raschen Ausbau der digitalen Infrastruktur in Nordamerika.

Inzwischen werden die „Datenautobahnen" meist von den großen Telekommunikations- und Internetkonzernen selbst in Auftrag gegeben. Backbones verlaufen im übrigen nicht nur an Land, ohne die zahlreichen Unterwasserkabel zwischen den Kontinenten gäbe es überhaupt kein weltweites Internet.

Die Knotenpunkte zwischen den B. werden »Internet Exchange Points (IXP) bzw. »Commercial Internet Exchange (CIX) genannt.

Backronym

(engl. aus „Back" u. „Akronym"), im Nachhinein gebildete, nicht selten kuriose Worterklärung für Webangebote oder Software-Produkte, so wurde etwa der Name des Portals „Yahoo!" erklärt als „Yet another Office Oracle".

BackRub

(engl. „Rückenkratzer"), von »SERGEI BRIN u. »LARRY PAGE entwickelte »Suchmaschinen-Software (1996), deren zentraler Algorithmus die Suchergebnisse nach der Linkpopularität der Website anordnete, d.h. nach der Zahl der auf die jeweilige Adresse verweisenden Verlinkungen auf anderen Websites. Nachdem Verkaufsversuche der B.-Technologie u.a. an das Webportal »Excite scheiterten, starteten Brin u. Page unter dem Namen Googleeine eigene Suchmaschine (1998f.), die schnell zum meistgenutzten Angebot im WWW wurde u. die Suchmaschinen bzw. »Webverzeichnisse von Portalen wie »Altavista, »Yahoo oder »Lycos vom Markt verdrängte.

Der Name Google leitete sich von d. engl. Bezeichnung für eine Zahl mit 100 Stellen ab (entspricht 10 SexDezilliarden), und spielte an auf die enorme Zahl an Webseiten, die von Suchmaschinen im Web durchsucht wurde.

Banner

Mit der Kommerzialisierung des WWW kamen die Werbebanner, d.h. großformatige Anzeigeflächen, die anklickbare Links auf die Website eines Anbieters enthalten. Schon frühzeitig nervten B. die Nutzer auch durch bewegte Grafik (animierte »Gifs). Das Bezahlsystem für Werbung im WWW wurde rasch von der reinen „Platzmiete" auf „Pay-per-Click" umgestellt, den Anfang machte Mitte der 1990er Jahre ein entsprechender Deal zwischen Yahoo! und Procter & Gamble.

Baud / Bits per Second bps
Traditionelles Maß für die Datenübertragungsrate, anfangs auch noch im Zshg. mit »Modems genutzt. Benannt nach dem Telegraphie-Pionier »EMILE BAUDOT (»ASCII). Siehe auch »bps (Bits per Second)

BBS
(engl. Abk.: Bulletin-Board-System; dtsch. Schwarzes Brett-System), via Modem direkt von Computer zu Computer angewählter Online-Dienst, der neben Informationen zu einem bestimmten Thema auch Downloads und in der Regel auch den Austausch von Nachrichten ermöglichte. In Deutschland wurde das BBS auch als „Mailbox" bezeichnet. Das erste BBS wurde 1978 in Chicago während eines Schneesturms von Hobbyisten entwickelt (siehe »XMODEM). Zu den größten Mailbox-Netzwerken gehörten das »FidoNet, das »Z-Netz sowie das »Maus-Net. Prinzipiell ähnlich funktionierte das ursprünglich für universitäre »Unix-Rechner entwickelte »Usenet.

BitNet
(engl. Abk. „Because it's there Net"), akademisches Rechnernetzwerk für IBM-Mainframes in den USA (1981f.), begründet von »I. FUCHS u. »G. FREEMAN, ab 1984 mit dem europäischen Netzwerk EARN verbunden, später weltweit, so etwa AsiaNet (Asien), RUNCOL (Südamerika) u. GULFNET (Persischer Golf). Am Höhepunkt der Entwicklung des IBM-Netzwerkprotokolls um 1991 gab es im weltweiten Netzwerk 3.000 Netzknoten und ca. 500 angeschlossene Institutionen.
Grundlage von B. war ein von IBM entwickeltes Netzwerkprotokoll namens Remote Job Entry (RJE). Zu den angebotenen Diensten gehörten E-Mail, Relay Chat und Dateidownload. Über ein E-Mail-Gateway konnte elektronische Post auch mit Rechnern im Internet ausgetauscht werden.
Anders als im Internet wurden im BitNet Daten von Netzknoten zu Netzknoten weitergeleitet (store and forward), d.h. jeder Knoten kommunizierte nur mit dem unmittelbar benachbarten Knoten. Zudem gab es eine zentrale Netzwerkverwaltung sowie einen Zentralknoten.

Blinkenlights
(dtsch./engl. Kunstwort, Blinklichter) deutscher Net-Jargon für Leuchdioden auf der Frontseite von Computern oder Modems. Ursprünglich im engl. Net-Jargon „Blinkenlichten", bereits überliefert auf dem legendären Radebrech-Schild, das in zahlreichen US-Rechenzentren aufgehängt war: „Achtung! Alles Lookenspeepers! Das computermachine ist nicht fuer gefingerpoken und mittengrabben. Ist easy schnappen der springen werk, blowenfusen und poppencorken mit spitzensparken. Ist nicht fuer gewerken bei das dumpkopfen. Das rubbernecken sichtseeren keepen das cottenpickenen hans in das pockets muss: relaxen und watchen das blinkenlichten".
In Dtlt. entstand als Reaktion eine „denglische" Version: „This room is fullfilled with special electronische equipment. Fingergrabbing and pressing the knoeppkes from the computers is allowed for die experts only! So all the lefthanders stay away and do not disturben the brainstorming von here working intelligencies. Otherwise you will be out thrown and kicked anderswhere! Also: please keep still and only watchen astaunished the blinkenlights."

Blog
siehe »Online-Diary

Bogon
(engl., abgeleitet von „Bogus", Unsinn) ein fehlgeleitetes Daten-»Packet, das seinen

Zielort im Internet nicht erreicht. Im allgemeinen Net-Jargon auch eine unverständliche Bemerkung oder jemand, der Unsinn redet.

BoingBoing
US-Webmagazine (1995f.) anfangs als Online-Version der Printfassung, ab 1996 als Online-only-Ausgabe, mit Themen wie Futurismus, Sci-Fi, Tech ein Teil der Cyberpunk-Subkultur. 2000f. Neustart als eines der ersten populären Weblogs.

Boink
(von engl. to boink someone, mit j. Sex haben), Net-Jargon der Prä-WWW-Zeit für eine Party von Leuten, die sich via Internet, speziell via Usenet (!), kennengelernt haben

Bookmark
(engl.: Lesezeichen) im Browser gespeicherte Liste mit »URLs von Lieblings-Webseiten, früher oft auch „Hotlist" oder „Favorites" genannt. Bereits die Bookmark-Liste des Netscape Navigators war ein HTML-Dokument namens bookmark.htm, das man separat abspeichern konnte.

Bounce / Bounce Message
(engl. to bounce, zurückprallen, springen, federn) bis heute gebräuchlich für E-Mails, die als unzustellbar zurückkommen, die damit verbundene Fehlermeldung per Mail wird auch „Bounce Message" genannt.

Blue-Ribbon-Kampagne
(Blue Ribbon Campaign for Online Freedom of Speech, Press and Association), Online- und Offline-Kampagne zur Verteidigung der Meinungsfreiheit im Web (1996f.), eine Reaktion auf den vom US-Kongress beschlossenen »COMMUNICATIONS DECENCY ACT (DCA). Auf Webseiten wurde das blaue Band als Grafik eingefügt, Vorbild war u.a. die Red Ribbon-Solidaritätskampagne zugunsten der AIDS-Opfer.

Bps
(Abk. Bits per Second), Maß für die Daten-Downloadgeschwindigkeit, die früher bei Privatpersonen vor allem von der Leistungsfähigkeit des Modems abhing, und zwischen 14.400 bps bzw. 28.000 bps und 56,6 bps lag. Zum Vergleich: Der Download einer Datei mit 200 Kilobytes dauerte mit 14.400 bps im Idealfall (wenig Netzwerk-»Traffic) etwa 2 Minuten, mit 28.800 bps etwa 1 Minute.

Browser
(engl. to browse = durchblättern, durchstöbern): Programm zur Darstellung von HTML-Webseiten via HTTP-Protokoll, entweder durch Eingabe einer »URL oder einer »IP-Adresse.

Am Beginn des WWW gab es für die meisten Betriebssysteme lediglich textbasierte Browser wie den www-Browser (1990, siehe »World Wide Web) oder »lynx (1991), während der erste interaktive, grafische Browser namens World Wide Web/Nexus lediglich auf NeXT-Computern lief. Entwickelt hatte diesen ersten Browser überhaupt Web-Erfinder »TIM BERNERS-LEE selbst.

Bilder musste dabei in einem separaten Fenster angezeigt werden. Später wurde via »INLINE GRAPHICS (Dateiverweise im HTML-Code) auch das Darstellen von Bildern möglich.

Erweiterungen (auch Add-On, Plug-In oder Extension genannt) z.B. auf »Java- oder »ActiveX-Basis fügten bereits in der zweiten Hälfte der 1990er Jahre zusätzliche Funktionen hinzu, so etwa das Abspielen von Sound- oder Videodateien. Damit wurde das Web zur vollwertigen multimedialen Umgebung.

Zu weit verbreiteten Browser-Klassikern aus der Frühphase des Webs gehörten neben »ViolaWWW (1991f.) der von »MARC ANDREESSEN entwickelte »Mosaic-Browser (1993f.) und das kommerzielle Spin-Off »Netscape Navigator (1994f.), und nicht zuletzt das Konkurrenzprodukt Internet Explorer von Microsoft (1994f., siehe auch »Browser Wars). Online-Dienste wie CompuServe oder AOL setzten teils auf alternative Browser (CompuServe etwa auf Spry

Mosaic), meist aber auf „gebrandete" Versionen von Netscape oder IE.
Ein wichtiges Vorbild für die ersten grafischen Browser war Apples Hypertext-Karteikartenverwaltung »HyperCard (1987f.), deren verlinkte Kartenstapel (Stacks) sich per Maussteuerung bereits wie eine Art Offline-Homepage mit einzelnen Unterseiten nutzen ließen.

Browser war(s)

(engl. „Browser Krieg(e)") bez. insbesondere in der Frühphase des Webs den Kampf zwischen »Netscape Navigator und »Internet Explorer um weltweite Marktanteile. Dabei spielte die Einbindung des IE in das Betriebssystem Windows und die Funktionserweiterung durch Java- bzw. ActiveX-Elemente eine wichtige Rolle.
Zum Browser War gehörte es dazu, dass manche HTML-Erweiterungen etwa nur von Microsofts Browser dargestellt werden konnten, etwa Laufschriften (Marquees) oder bestimmte Hintergrundklänge.
Browser waren von Anfang an Gratis-Produkte, die breit gestreut wurden. Damit schufen Netscape und MS aber zugleich unter Content-Anbietern und Online-Dienstleistern entsprechende Nachfrage für kommerziell vermarktete Server-Software.
Hatte N. 1995 noch mehr als 90 Prozent Markanteil, so lag der IE um das Jahr 2000 mit mehr als 90 Prozent vorn, gewann also den „1st Browser War". Im „2nd Browser War" im folgenden Jahrzehnt überflügelte dann Google die Konkurrenten Mozilla und Microsoft.

BTX

(Abk., Bildschirmtext)
Bildschirmtext der deutschen Bundespost (1983f.), federführend entwickelt von »Eric Danke. Anders als einseitig der per Fernsehsignal ausgestrahlte Videotext war BTX ein echter Online-Dienst. Per Modem bzw. Akustikkoppler wurden über das Telefonnetz in zwei Richtungen Daten übermittelt. Die Bedienung erfolgte via Heimcomputer/BTX-Gerät und Fernsehbildschirm oder mit speziellen BTX- Terminals ähnlich den französischen »Minitel-Stationen. Einzelne Seiten ließen sich mit per BTX-Nummer aufrufen, die aus Stern, Ziffern und Raute bestand, also z.B. „*40000#".
Die Daten lagen auf einem zentralen Server der BTX-Leitzentrale in Ulm, in örtlichen BTX-Vermittlungsstellen wurden häufig augerufene Seiten gespiegelt (» Mirror-Server).
Viele Seiten waren gebührenpflichtig, die Kosten wurden mit der Telefonrechnung abgerechnet. Zu den Angeboten gehörten Chats, Messaging, Online-Banking, Versandhaus-Bestellungen, Ticketbuchungen etc. Wegen der hohen Bereitstellungskosten gab es kaum BTX-Seiten von Privatpersonen. Vereine wie der »Chaos Computer Club (CCC) waren im BTX mit eigenen Angeboten vertreten.
Die Nutzerzahlen blieben sehr gering, erst Mitte der 1990er Jahre waren es mehr als eine Million. 2001 wurde der normale BTX-Dienst abgeschaltet, eine Online-Banking-Version blieb bis 2007 in Betrieb.

Btx-Hack

siehe »Chaos Computer Club

Cache

(engl. Versteck, geheimer Aufbewahrungsort) spezieller Ordner auf der Festplatte. Browser legen ihn an, um geladene Mediadateien und sonstige Webseiten-Inhalten zwischenzuspeichern. Das ersparte zu Modem-Zeiten lange Wartezeiten.

Cascade

(engl. Wasserfall) eine Kaskade nannte man schon zu frühen Internetzeiten die jeweils zitierten, älteren Diskussionsbeiträge in E-Mail-Antworten oder im Diskussionsfaden einer Newsgroup. Optisch hervorgehoben wird diese Verschachtelung bis heute von Mailprogrammen durch Einrücken mit vorangestelltem Größerzeichen (>).

Case Sensitive
(engl. Upper / Lower Case, Groß- / Kleinschreibung), etwa bei einem Login: Dateneingabe unter Beachtung von Groß- und Kleinschreibung.

CERN
(Abk. frz. Conseil européen pour la recherche nucléaire), Großforschungseinrichtung der Europäische Organisation für Kernforschung in der Nähe von Genf, teilweise auf Schweizer, teilweise auf französischem Gebiet. Am CERN entwickelte »TIM BERNERS-LEE zusammen mit »ROBERT CAILLIAU die Idee zum »World Wide Web (1989f.), schuf den ersten »Browser, das Übertragungsprotokoll »HTTP, die Skriptsprache »HTML und weitere Web-Technologien (1990f.). Am C. ging auch der erste »Webserver in Betrieb (1990).

cgi
(engl. Abk. Common Gateway Interface), per Website zugängliche Schnittstelle zwischen WWW und einer dahinter liegenden Datenbank, an die Anfragen über ein Browserformular geschickt werden.

chat / chat room
siehe IRC-chat

CIX
siehe »IXP (Internet Exchange Point)

Client
(engl. Klient) Programm, mit dem man vom lokalen Rechner aus auf einen entfernten Server und dessen Ressourcen zugreift, etwa mit einem E-Mail-Client Mails abruft, mit einem IRC-Client chattet oder per FTP-Client Software herunterlädt.

CL-Netz
siehe »Zerberus/Z-Netz

CMU CS Coke Machine
via Ethernet u. Internet verbundener Getränkeautomat am Computer Science Department der Carnegie Mellon Universität (1982f.), gilt als erstes via Ethernet u. Internet verbundenes Gerät u. insofern als Startpunkt des „Internets der Dinge". Der Coke Machine-Hack wurde bewerkstelligt von JOHN ZSARNAY, MIKE KAZAR, DAVE NICHOLS u. IVOR DURHAM. Spezielle Sensoren erfassten die Beladung der einzelnen Flaschenfächer und die Dauer des Verbleibs, wobei eine Flasche nach drei Stunden als gekühlt (COOL) angezeigt wurde. Über das »Finger-Protokoll ließ sich der Ladezustand lokal u. weltweit mit dem Befehl „finger coke@cmua" abfragen. (siehe auch »Internet Toaster, »Trojan Room Coffee Pot Webcam)

Communications Decency Act (CDA)
US-Gesetz für sittenkonforme Kommunikation im Internet (1996), das die Online-Verbreitung von „indecent material" zur Straftat erklärte. Führte zu lautstarken Protesten von Bürgerrechtlern und diversen Gerichtsurteilen, die Teile des CDA für ungültig erklärten. Siehe »Blue Ribbon-Kampagne

Community
in Verbindung mit Web-, Cyber-, Virtual- etc. Bezeichnung für die Netz-Gemeinde, also die Gesamtheit der im Internet aktiven Menschen. Taucht als Begriff bereits in »Howard Rheingolds Studie „Virtual Community" (1993) auf.

Community Memory
frühes lokales Bulletin Board System (»BBS), gestützt auf Großrechner u. wenige Terminals, das von Computer-Aktivisten um »Pam Hardt-English, »Jude Milhon u. »Lee Felsenstein in San Francisco/Kalifornien in der Kommune „Resource One" betrieben wurde (1973 - 1975), u.a. mit Hilfe einer v. Felsenstein programmierten, tastaturgesteuerter Benutzeroberfläche, (The Resource One Generalized Information Retrieval System / ROGIRS). Später wurde das Projekt fortgesetzt in Form einer regelmäßig aktualisierten Datenbank u. einem Print-Katalog für regionale Angebote der Sozialarbeit (Social Services Referral Directory).

Chaos-Computerclub (CCC)

von Westdeutschen Hackern um »WAU HOLLAND und KLAUS SCHLEISIEK im Jahr 1981 gegründeter Verein mit Schwerpunkt Informationsfreiheit und Datenschutz, anfangs lokaler Schwerpunkt in Hamburg.

Der CCC veröffentlichte einflussreiche Schriften wie die Hackerbibel, die bis heute existierende Zeitschrift „Datenschleuder" sowie Bauanleitungen u.a. für einen »Akustikkoppler („Datenklo"). Zudem organisierte man die Online-Community prägende Zusammenkünfte und sorgte punktuell für großes Medienecho.

Besonders spektakulär darunter der BTX-Hack (Aufdeckung v. Schwachstellen im Computersystem der Bundespost, 1984) sowie der NSA-Hack (Hinweis auf Risiken im Großrechnernetzwerk Space Physics Analysis Network/SpaNet von ESA und NSA).

Hackerinnen um »RENA TANGENS u. »BARBARA THOENS gründeten als Reaktion auf die Macho-Kultur der männlichen Hacker die feministische Haecksen-Gruppe (1988f.).

CL-Netz

siehe »Zerberus-Software / Z-Netz

CompuServe

Internet-Provider und Online-Dienst, gestartet als „CompuServe Information System" (1969) für Unternehmen, später auch Einwahldienst für Privatkunden (1979f.) mit diversen Serviceangeboten wie E-Mail (1983f.), Software-Downloads, Chat. Frühe E-Commerce-Funktion dch. Kooperation mit Visacard. In den 1980er Jahren Marktführer in den USA. Seit dem Jahr 1996 ermöglichte die proprietäre Benutzeroberfläche „Compuserve Information Manager" (CIM) Zugang ins WWW.

Content / Content Provider

(engl. Inhalt / Inhalteanbieter) sorgt im Unterschied zum Internet Service Provider für die Befüllung von Webseiten mit Inhalten, nicht für den grundlegenden Zugang ins Web und das Speichern der Daten. Im WWW war Content anfangs meist kostenlos zugänglich, da es etwa Zeitungsverlagen vor allem um Reichweite ging u. man sich Werbeeffekte für Print-Abonnements erhoffte.

Cookie

(engl. Keks) In der Datei „Cookie.txt" speicherten WWW-Browser wie Netscape Navigator oder Internet Explorer bereits frühzeitig nutzerspezifische Daten. Das erspart einerseits das mehrmalige Eingeben von Login-Informationen, macht aber zugleich auch den Internet-Surfer für die (Werbe-)Wirtschaft zum gläsernen Kunden.

Cracker

ein »Hacker, der böse Absichten hat u. sich nicht der Hacker-Ethik verpflichtet fühlt.

Creeper

siehe »Internet Worm

Cross-Posting

engl. Quer-Versenden, das Weiterleiten einer Nachricht an eine thematisch nicht dazu passende »Newsgroup oder Mailingliste, was als Verstoß gegen die »Netiquette gewertet wird.

CSNET

(eng. Abk. Computer Science Network) akademisches Rechnernetzwerk in den USA (1981f.), das den angeschlossenen Institutionen via Telefonleitung/»X.25-Netzwerk die Nutzung von ARPAnet/Internet-Ressourcen ermöglichte.

Bis 1986 wurden so mehr als 165 Universitäten u. Forschungsinstituten vernetzt, die keinen direkten Anschluss an ein Internet-»Backbone hatten.

Über CSNET wurde die erste »E-Mail von den USA nach Deutschland geschickt (1984), Empfänger war »W. Zorn (Universität Karlsruhe). Nachfolger d. CSNET war das »NSFNET.

CU-SeeMe / CU-C-ME

(engl. „Seh dich, sieh mich") frühes Chat-Protokoll für die Übertragung von Audio und Video, entwickelt von der Cornell University.

Cybercafe / Cyberbar / Cybersalon
im Unterschied zum virtuellen »Chatroom ein realer Treffpunkt, der den Besuchern Computer mit Internetzugang zur Verfügung stellt. Klassiker der 1990er Jahre waren etwa das Cyberia in London, die Cyber B@r in Brüssel oder die Sentiment Bar in Peking.

Cybercash
siehe »Electronic cash

Cybersex
(engl. Kybernetischer Sex), alle Formen sexueller Aktivität in digitalen Netzwerken, angefangen beim erotischen »IRC-Chat bzw. »MUDs bis hin zu »Teledildonics.

Cyberlaw
vom US-Medienjuristen Lawrence Lessig geprägter Begriff für das „Internetrecht", wobei L. zwischen vier regulierenden Einflüssen auf den Cyperspace unterscheidet: US-Bundesgesetze (Standard East Coast Code), Internet-Architektur wie etwa Netzfilter bis hin zum Netzwerkprotokoll (West Coast Code), soziale Normen der User (»Netiquette), sowie die Kräfte des Marktes wie etwa Netzentgelte o. Software-Kosten.

Cyberspace
(engl. Kybernetischer Raum, Cyberraum) die gesamte Online-Welt, im engeren Sinn Internet und World Wide Web. Als Utopie etwa in »WILLIAM GIBSONS Sci-Fi-Roman »NEUROMANCER oder den VR-Experimenten in »HOWARD RHEINGOLDS Studie „VIRTUAL WORLDS" aber auch ein vollständig simulierter Raum, der mit Hilfe von Hirn-Computer-Schnittstellen erlebbar wird.

CYCLADES
vom frz. Wissenschaftler »LOUIS POUZIN initiiertes Netzwerk-Experiment (1971f.), das die Möglichkeiten globaler digitaler Telekommunikation via »Packet-Switching erprobte. Die „Cigale" genannte Paketvermittlungs-Technologie wurde zum Vorbild für das TC/IP-Protokoll des ARPAnet (1973f.). Das C.-Netzwerk wurde 1978 zugunsten des späteren »Minitel-»Backbones« Transpac aufgegeben.

Cypherpunk
(engl. Cyber plus Cipher plus Punk, Anspielung an „Cyberpunk", s. »WILLIAM GIBSON), Datenschutzaktivist im Internet, der Verschlüsselungsmethoden wie PGP verwendet, um seine Daten vor Fremdzugriff zu bewahren.

Daemon (Mail-Daemon etc.)
(engl. Dämon) Programm, das im Hintergrund läuft, z.B. ein Mail-Daemon, der regelmäßig elektronische Post von einem entfernten Server holt und im lokalen Postfach ablegt.

Data highway
siehe »Information superhighway

Datamation
die 1995 gestartete WWW-Version des US-Computermagazins D. gilt als erstes professionelles Web-Magazin. Als 1998 die Print-Ausgabe eingestellt wurde, war D. eins der ersten „Online-Only"-Magazine.

Datenautobahn
siehe »Information superhighway

Datenklo
siehe »Chaos Computer Club (CCC)

Datenschleuder
siehe »Chaos Computer Club (CCC)

DE-CIX
siehe »IXP (Internet Exchange Point)

Dial-Up-Script
(engl., Einwähl-Skript), Programm das eine bestimmte Telefonnummer wählt und auf Grundlage eines Konfigurations-Skriptes via »Modem und Telefonleitung eine Verbindung zu einem »Internet Service Provider (ISP) herstellt. Im frühen Internet und Web war eine solche Dial-Up-Connection der einzige Weg, außerhalb vom Uni-Campus oder anderen Institutionen mit Direktanschluss an Internet-»Backbones online zu gehen.

Digicash
siehe »Electronic Cash

Domain
(engl. Domäne, Herrschaftsbereich), Bezeichnungen, die einen Rechner im Internet identifizieren, auf dem Dateien zum »Download bereitstehen bzw. an den Daten gesendet werden sollen, etwa ein »FTP-Server, »Webserver oder Mailserver. Eine Internet-Adresse (»URL) enthält die Domain selbst wie auch am Ende ein angehängtes Kürzel namens »"Top Level Domain". Letzteres steht für die Kategorie der Domain. Bei einer E-Mail-Adresse wird der Name des Empfängers mit einem „@"-Zeichen vom Domain-Namen getrennt.

Doubleslash
engl. Doppel-Schrägstrich (Slash /, Doubleslash //), wird einer Internetadresse ("URL") vorangestellt, begleitet von „http:".

DFÜ
Abk. Datenfernübertragung, gängige Abkürzung aus Zeiten, als noch niemand von „online" oder „Internet" sprach, sondern man sich per »Modem oder »Akustikkoppler mit einer »Mailbox, einer »Datenbank oder dem »BTX-Netz verband. Ähnlich wie „EDV" ist „DFÜ" nicht mehr gebräuchlich.

Download
(engl. Herunterladen), das Übertragen von Dateien von einem entfernten Server auf den lokalen Rechner, bereits im ARPAnet 1969f. via »FTP-Protokoll möglich. Auch zum Anzeigen einer Webseite müssen natürlich die dazu notwendigen Daten (HTML-Skript, Bilddateien etc.) Rechner vor Ort heruntergeladen werden. Die Download-Geschwindigkeit wird mit »bps (bits per second) angegeben.

Eat Flaming Death!
(engl. Friss den flammenden Tod!), digitaler Fluch, lange Zeit in Usenet sehr populär, nach dem Zitat „Eat flaming death, minicomputer mongrels!" aus dem in Hackerkreisen beliebten Comic „CPU WARS" (1978). In Anlehnung daran auch: »Flaming, »Flame War.

EARN
(Abk. engl. European Academic and Research Network), europäisches Großrechner-Netzwerk für Universitäten und Forschungseinrichtungen (1984f.), basierend auf von IBM entwickelten Netzwerkprotokollen, über Gateways mit diversen weiteren regionalen Netzwerken sowie dem Internet (etwa für E-Mail-Austausch) verbunden (siehe »BITNET).
Ähnlich wie im ARPAnet/Internet sollte EARN neben der elektronischen Kommunikation (E-Mail, Chat, Datenbankrecherche u. Datei-Download) vor ermöglichen, Rechenressourcen entfernter Computer zu nutzen.
Im Unterschied zum Aufbau des Internet gab es bei EARN in jedem Land einen „Zentralknoten" (in Dtld.: GSI Darmstadt 1984f.; GMD Bonn 1988f.), der zentrale Netzwerkdienste zur Verfügung stellte u. auch für Verbindungen in andere Länder bzw. deren Zentralknoten zuständig war.
In Dtld. wurde EARN 1990f. vom WiN (Deutsches WissenschaftsNetz) abgelöst, das einen Teil des »X.25/Datex-P-Netzes der Deutschen Telekom darstellte.

ECHO
(engl. Abk. East Coast Hangout), von »S. Horn gegründete Online-Community (1990f.), später auch im Web als kommerziell orientiertes Online-Magazin präsent, ursprünglich bewusst als an Nutzerinnen orientierte Alternative zur stark männerdominierten Community The »WELL angelegt.

Electronic Frontier Foundation (EFF)
internationale Digital-Rights-Vereinigung, gegründet 1990 v. JOHN GILMORE, JOHN P. BARLOW u. MITCH KAPOR u.a. zum Schutz der Bürgerrechte und der Informationsfreiheit im Internet. Anlass war eine Diskussion auf der Online-Plattform The WELL über Versuche v. Secret Service und FBI, die Digital-Sphäre stärker zu kontrollieren: „America was entering the Information Age with neither laws nor metaphors for the appropriate

protection and conveyance of information itself", kritisierte Barlow in einem Online-Artikel (1990). Siehe auch »NSA line eater

Electronic Cash
(engl. elektronisches Bargeld) frühe Form des Elektronischen Bezahlens im Internet/WWW. Anders als beim Bezahlen bzw. Abrechnen per Kreditkarten-Daten wird zunächst mit realem Geld ein digitales Guthaben erworben und dann vom Kunden mit Hilfe kryptographischer Verfahren sicher und anonym zum Verkäufer übertragen. Frühe E.-Cash-Dienstleister waren das vom US-Computerwiss. »DAVID CHAUM gegründete Unternehmen DigiCash (1990f.) sowie das von »DAVE CROCKER mitgegründete Unternehmen CyberCash (1994f.).

E-Mail
(engl. Elektronische Post), Übertragungsprotokoll für elektronische Post, die an eine per E-Mail-Adresse identifizierbare Person im Lokalen Netzwerk oder via Internet an einen entfernten Rechner geschickt wird. Lokal bereits in den 1960er Jahren genutzt, wurde E-Mail schnell zur „Killer-App" im ARPAnet u. sorgte dort zeitweise für den Großteil des »Traffics.

Emoticon
(engl. emotional icon, Gefühls-Zeichen) eine Kurzform der ASCII-Grafik, mit denen schon im frühen Internet Newsgroup-Postings oder E-Mails mit Gefühlsausdrücken wie Smiley ;-), Frowney :-(o.ä. verziert wurden. Als Erfinder des Smiley-E. gilt »SCOTT FAHLMANN.

Eternal September
(engl. Ewiger September), auch „September that never ended" genannt, Usenet-Slang für die Zeit ab September 1993, als infolge der von »AL GORE initiierten Gesetzgebung (»Gore Act) kommerzielle Anbieter wie »AOL oder Delphi ihren Kunden erstmals Zugang zum Internet geben durften, insbesondere zu den Usenet-Foren. Die große Zahl von unerfahrenen Nutzern und dementsprechend zahlreiche Verstöße gegen die »Netiquette sorgten für großen Unmut unter den erfahrenen Teilnehmern aus dem akademischen Umfeld.

Bereits zuvor war allerdings jeder September der Beginn des neuen Studienjahres, so dass viele Studierende erstmals mit dem Internet und dem Usenet in Berührung kamen. Anders als zuvor sollte der Zustrom neuer Nutzer nun aber überhaupt nicht stetig zunehmen.

Aus Protest wurden neue Foren wie alt.aol-sucks gegründet, sowie Scherzsoftware wie sdate verbreitet, die das Datum als Zahl der Tage seit dem 1. September 1993 angibt. Die Webseite eternal-september.org ist bis heute ein offizielles Portal, das Zugang zu den Usenet-Foren ermöglicht. Auch dort wird das aktuelle Datum im Ewigen-September-Format angegeben.

Ethernet
siehe »LAN (Local Area Network)

Excite
ursprg. u. d. Namen Architext von Studierenden der Stanford University (JOE KRAUS, GRAHAM SPENCER et al.) gegründete Suchmaschine (1993f.), später umbenannt zu E. u. in anzeigenfinanziertes Webportal ausgebaut, inkl. Free-Mail-Angebot. Wurde 1996f. zur exklusiven Suchmaschine des »AOL-Webportals. Das E.-Management soll 1997 ein Angebot zum Kauf der Suchmaschinen-Technologie v. »SERGEY BRIN u. »LARRY PAGE, den späteren Google-Gründern, abgelehnt haben.

E-Zine
(engl. Abk., „Electronic Magazine") im Internet veröffentlichte Zeitschrift mit redaktionellen Inhalten, von Amateuren oder professionellen Journalisten betrieben (dann oft auch Online- bzw. Web-Magazine genannt), bereits in Form von Mailing-Listen oder via BBS verbreitet, ab Mitte der 1990er Jahre im WWW, wie etwa »BoingBoing, »Datamation, »HotWired oder »Slate.

FAQ
(engl. Abk., Frequently Asked Questions),

bereits in Usenet-Newsgropus und auf BBS übliches Verzeichnis allgemeiner Fragen und Antworten zum jeweiligen Thema. Das vorherige Lesen der FAQs vor dem Posten weiterer Nachfragen gilt als Teil der »Netiquette.

FidoNet
vom US-Künstler u. Coder »TOM JENNINGS entwickelte »Mailbox-Software (1983f.) u. das darauf aufbauende Mailbox-Netzwerk, das sich bis Ende der 1980er Jahre in 6 Global-Regionen mehr als 30.000 Netzknotenpunkte (Nodes) versammelte u. damit das weltweit größte private, über Telefonverbindung hergestellte Mailbox-Netzwerk darstellte.

Die einzelnen Mailboxes tauschten sowohl persönliche Nachrichten (Private Mail) wie auch Diskussionsbeiträge (Echomail) aus, wobei Daten von Knoten zu Knoten weitergeleitet wurden (Store and Forward). Diskussionsbeiträge (Echomails) aus dem FidoNet wurden über ein Gateway auch im »Usenet gespiegelt.

Während die FidoNet-Aktivitäten in Westeuropa u. den USA in den 1990er Jahren zurückgingen, stieg u.a. in Osteuropa die Popularität weiter an. Anders als das Internet blieb FidoNet non-kommerziell u. wurde von den Mailbox-Betreibern (»SysOps) basisdemokratisch verwaltet.

Finger
Internet-Protokoll (1977f.), mit dem vor dem WWW-Zeitalter Informationen über einen bestimmten Nutzer im Internet abgefragt werden konnten, wenn User-Namer und Host-Name bekannt waren. Zu den angezeigten Informationen gehörten Login-Name, Home-Verzeichnis, Klarname, letzter Login, Mail-Status sowie, falls hinterlegt, eine Signatur mit weiteren persönlichen Daten oder schmückender »ASCII-Grafik. Das F.-Protokoll wurde aus Sicherheitsgründen später (1990f.) kaum noch unterstützt.

Fireball
deutsprachige Suchmaschine, entwickelt vom Fachbereich Informatik der TU Berlin vom Projektteam um O. K. PAULUS, H. HOFFER V. ANKERSHOFFEN, N. YILDIRIM u. B. CHEN (1996f.). Zunächst u. d. Namen „Flipper" u. „Kitty" getestet. Bald durch Nachrichten-Suchmaschine (Paperball) sowie E-Mail-Dienst „Firemail" erweitert, schließlich ein Webportal mit diversen Angeboten. Die Kooperation mit »Altavista ermöglicht weltweite Suche. 1998 war Fireball deutscher Marktführer bei der Websuche, wurde jedoch bald abgelöst von Google, bis 2002 sank F.s Marktanteil auf 2,5 Prozent.

Flaming, Flame War
(engl. flämmen, mit Feuer versengen) beleidigende u. provokatives Posting in Newsgroups o. Mailing-Listen, das oft zum gegenseitigen „Flame War" führt. Siehe auch: »Eat flaming death!

FoeBud
(Abk. Verein zur Förderung des öffentlichen bewegten u. unbewegten Datenverkehrs e.V.), gemeinnütziger Verein mit Schwerpunkt Informationsfreiheit und Datenschutz, gegründet 1987 u.a. von »R. TANGENS u. »PADELUUN, später umbenannt in „Digitalcourage". Zu den ersten Projekten gehörte die Einrichtung der vom Verein betriebenen Bionic-»Mailbox sowie die Weiterentwicklung der zugrundeliegenden »Zerberus-Software.

Free World Dialup (FWD)
siehe »Telefonie via Internet

FTP
(engl. Abk. File Transfer Protocol), Internet-Standard für das Herunterladen von Dateien von einem entfernten Server, früher mit einem speziellen FTP-Client wie WS_FTP, später auch via Webbrowser/»URL über die Eingabe von „ftp://" vor dem Domain-Namen. In der Regel über die Methode »Anonymous FTP. Zum Auffinden von via FTP downloadbaren Dateien wurde früher das Suchprogramm »Archie genutzt.

GeoNet
von »GÜNTHER LEUE gegründeter Online

Dienst (1981f.) auf Grundlage eines eigenen Rechnernetzwerks, der schon in den 1980er Jahren etwa Gateways für den Austausch von Fax, Telex, SMS, Voicemail und später auch E-Mail und Live-Chat anbot. Im Jahr 1991 hatte GeoNet in Dtld. etwa 10.000 Benutzer. Mit der Gründung eines „Vereins zur Förderung der Telekommunikation" (VFTK) umging G. Leue das Postmonopol, welches eigentlich den privaten Betrieb von Netzwerken verbot. Dochdas Grundrecht auf Vereinigungsfreiheit war höherrangig.

GIF
(engl. Abk. Graphic Interchange Format, Grafik-Austauschformat) wichtigstes Format für Bilddateien im frühen Web, mit hoher Datenkompression. Unterstützt im Gegensatz zu »JPEG nur 256 Farben, sorgt somit aber für kürzere Download-Zeiten. Spezielle „Interlaced Gifs" zeigten zudem zunächst ein Gesamtbild in grober Auflösung, das während des Ladevorgangs langsam an Schärfe gewann.

Global Village
(engl. Globales Dorf), in den 1990er Jahren synonym für das Internet bzw. WWW verwendet, ursprünglich als Schlagwort aus Bestsellern des kanad. Medienwissenschaftlers MARSHALL MCLUHAN entstanden (Gutenberg Galaxy, 1962 sowie Understanding Media, 1964).

Gopher
(engl. Taschenratte o. Ziesel, zugleich Slang: to go for), vor dem WWW-Zeitalter gebräuchliches Netzwerkprotokoll, um Dokumente via Internet abzurufen, federführend entwickelt an der Universität von Minnesota (1991f.) von »MARK P. MCCAHILL. Der Download geschah anfangs mit einem Gopher-Client von speziellen Gopher-Servern, wie sie vor allem Universitäten und große Institutionen betrieben. Bei der Recherche im „Gopherspace" halfen spezielle Suchwerkzeuge wie »Veronica und Jughead.
Frühe Browser unterstützten das gopher-Protokoll ebenfalls, der rasche Aufstieg des WWW inklusive Suchmaschinen und Download-Buttons machten G. aber bald obsolet.
Eine experimentelle Gopher-Version (GopherVR) ermöglichte die Darstellung von Dateien und Verzeichnissen im dreidimensionalen Raum, sie sollte die Orientierung in großen Archiven erleichtern.

Google
siehe »BackRub

Gore-Bill,
(engl. Gore-Gesetz), federführend vom damaligen Senator »AL GORE vorbereitetes, digitales Infrastrukturgesetz (HIGH PERFORMANCE COMPUTING ACT, 1991), erlaubte beschleunigten Ausbau der Internet-»Backbones unter Beteiligung privater Unternehmen und damit die fortschreitende Kommerzialisierung von Internet und WWW.

Handshake
(engl. Handeschütteln), Kontaktaufnahme zwischen zwei Computern via Modem, bei der sich beide Seiten erst einmal über das zu verwendende Austauschprotokoll verständigen. Siehe »Modem

Habitat
siehe »Heimcomputer, »virtuelle Chatworld

Haecksen
siehe »Chaos Computer Club

Header
(engl. Kopfzeile), Anfang einer Maildatei oder eines Newsgroup-Postings, der diverse Metadaten enthält (Absender, Empfänger, Betreff, Datum, Sendeverlauf, Kodierung etc.), von ein Großteil normalerweise nicht im normalen Lesemodus angezeigt werden.

Heimcomputer
(von engl. Home computer), für Privatpersonen und zu Freizeit- und Hobbyzwecken ausgelegte, preisgünstige Kleincomputer, in Abgrenzung zum anfangs extrem teuren und für Büroanwendungen gedachten Personal Computer. Zu frühen H. (1979f.) gehörten Sinclairs ZX80/81, der Commdore VIC 20/VC64

sowie der Atari 400/800. Für viele Modelle gab es spezielle »Modem-Adapter bzw. Steckkarten, um via Telefonleitung Daten mit »BBS/Mailboxes austauschen zu können.
So bot etwa Commodore in den USA (1982f.) ein preisgünstiges 300-Baud-Modem an, das mehr als 1 Mio. mal verkauft wurde u. den Nutzern in Kooperation mit Internet Service Providern wie »CompuServe ermöglichte, auf das Diskussions- u. Selbshilfe-Board „Commodore Information Network" zuzugreifen.
Besonders populär in den USA war zudem der auf C64-Nutzer spezialisierte Online-Dienst Quantum Link (später AOL), der in Zusammenarbeit mit Lucasfilm das Online-Rollenspiel „Habitat" anbot, eine Art virtuelle Chatworld mit Avataren, die auf einem Großrechner lief und auf welche die C64 als Terminals zugriffen (1985f.).

High Performance Computing Act
siehe »Gore-Bill

Hitchhikers Guide to the Internet
von »ED KROL entworfener Anleitung zur Internetnutzung, zunächst online im Netzwerk(1987f.), später als „Whole Internet Users's Guide and Catalog" auch in Print- Buchform (1992f.). Gilt als erste ausführliche Gebrauchsanleitung für das Internet, wurde ähnlich offiziell wie technische Netzwerkstandards in Form eines »Request for Comments (RFC) bekanntgegeben.

Homepage
(engl. Heimatseite), im engeren Sinn die Haupt- oder Startseite eines Webangebots, inzwischen eher „Landingpage" genannt. Im frühen WWW wurde der Begriff H. aber auch synonym für die gesamte Webpräsenz von Privatpersonen oder Institutionen benutzt.

Host, Hostname
(engl. Gastgeber), entfernter Computer, mit dem der eigene PC etwa via Modem u. Telefonleitung verbunden ist, um sich im Internet zu bewegen. Die Internetadresse (also die »URL oder »IP-Nummer) des Hostcomputers wird auch „Hostname" genannt.

Hotwired
(engl. Wortspiel mit „wired" verkabelt sowie to h.: Auto kurzschließen), Mitte der 1990er Jahre das renommiertes »E-Zine im WWW.

Hotmail
einer der ersten kostenlosen Webmail-Services, gegründet v. SABEER BHATIA und JACK SMITCH (1996f.), wurde ein Jahr nach dem Start von Microsoft aufgekauft u. Teil des Webportals von »MSN.

HTML
(engl. Abk. Hypertext Markup Language), die grundlegende Skriptsprache, aus denen die Webseiten im World Wide Web aufgebaut sind. Aus dem HTML-Quellcode, der Formatierungsbefehle in spitzen Klammern enthält (etwa <bold> für fettgedruckt), baut der Browser die Webseiten-Ansicht auf. Zentrales Element des von Web-Erfinder »TIM BERNERS-LEE geschaffenen HTML sind die »Hyperlinks, also Verweise auf andere Webseiten, die damit direkt aufgerufen werden können.

HTML-Editor
Software zum Erstellen von Webseiten im HTML-Format, so etwa der Netscape Composer oder der Home Page Wizard v. AOL. Für WWW-Erfinder »Tim Berners-Lee war die Einheit von Browser und Editor 1991f. noch selbstverständlich, um allen Nutzern die Gestaltung des Webs und insbesondere das Anlegen von neuen Verlinkungen zu ermöglichen. Dieses Prinzip wurde jedoch von den Software-Unternehmen schnell zugunsten des Stand-Alone-Browsers und separater Editoren aufgegeben.

HTTP
(engl. Abk. Hyper Text Transfer Protocol), von »T. BERNERS-LEE entwickelter Internet-Standard für WWW-Seiten (1990f.), beim Aufruf in der Browserzeile am Beginn der »URL als „http:" anzugeben.

HyperCard

mit Hyperlinks arbeitendes Karteikarten- und Präsentations-System für Apple Computer (1987f.), entwickelt von »BILL ATKINSON nach einem LSD-Trip. Ein fertiger Hypercard-Stapel wurde „Stack" genannt. Die Software erlaubte später auch die Verlinkung auf Dokumente auf entfernten Netzwerk-Servern sowie die Abfrage von Datenbanken im Internet.

Neben der direkten Texteingabe und Objekt-Einfügung per Maussteuerung war die Programmierung interaktiver u. multimedialer Effekte über die Skriptsprache HyperTalk möglich.

HyperCard war Teil des bei jedem Kauf eines Apple-Computer mitgelieferten Softwarepakets, so dass bald zahlreiche HyperStacks professioneller Autoren angeboten wurden, darunter etwa Hypertext-Romane, multimedial aufbereitete Sachbücher u. Adventure-Games.

Auch der oft mit dem WWW verglichene »WHOLE EARTH CATALOG von »STEWART BRAND wurde im Hypercard-Format auf CD-Rom angeboten (1989), mit Bildern, Texten und Sound-Dateien.

Schon in den 1980er Jahren wurde H. als „information browsing tool" beschrieben, viele Browser-Entwickler in der Frühphase des WWW orientierten sich beim Look and Feel an HyperCard, so etwa »PEI-YUAN WEI (»ViolaWWW) u. »MARC ANDREESSEN (»Mosaic).

Hyperlink

(engl. Hyper-Verbindung), Verweis innerhalb eines digitalen Dokumentes oder von einem Dokument zu einem anderen Dokument, ob auf dem lokalen Computer oder einem entfernten Computer. Prinzipiell schon von Pionieren wie »VANNEVAR BUSH oder »Ted Nelson vorgeschlagen, wurden solche H. erstmals in den 1960er Jahren auf Großrechnern bzw. frühen Netzwerken u.a. von »Andries van Dam und »DOUG ENGELBART realisiert.

Auch Apples Software HyperCard (1987f.) arbeitete mit solchen Verlinkungen zwischen Dokumenten. Dies wurde zum Vorbild für die von WWW-Erfinder Tim Berners-Lee geschaffene »HTML-Skriptsprache für die Webseitenerstellung.

ICANN

siehe InterNIC

IMP (Internet Message Processor)

auf robusten Minirechnern vom Typ Honeywell DDP-516 basierendes Netzwerkrelais im frühen ARPAnet, das Daten von einem lokalen Großrechner an ein entferntes Netzwerkrelais und den dahinter befindlichen Großrechner weiterleitete.

Dieses von »WESLEY CLARK erfundene Verfahren sollte verhindern, dass die Großrechner selbst wertvolle Rechenkapazität für Netzwerk-Aufgaben zur Verfügung stellen mussten. Die IMPs sind ein direkter Vorläufer des Internet-»Routers.

Information Superhighway

(engl., „Datenautobahn"), politisches Schlagwort, das seit der »Gore-Bill (1991f.) in den USA u. später weltweit Furore machte (siehe a. »Backbone), wobei als Netzwerk-Vorbild u.a. das französische »Minitel diente.

»AL GORES Vater hatte als Senator einst den Ausbau des Interstate-Highway-Netzes vorangebracht, insofern lag die Namensgebung „Information Superhighway" für das moderne Infrastrukturprojekt von Gore Jr. besonders nahe. Einem Internet-Meme zufolge hat der damalige Senator u. spätere Vizepräsident sogar behauptet, das Internet erfunden zu haben, was aber auf einem böswilligen Missverständnis der Formulierung „I created the Internet" beruht.

Infoseek

siehe »Suchmaschine

Inline-Graphics

1993 eingeführter HTML-Standard, der das Einbinden von Bildern in WWW-Seiten ermöglichte, so dass sie neben dem Text angezeigt wurden. Zuvor mussten Bilder in einem separaten Fenster geladen werden. Die ersten Programme mit Inline-Graphics-Unterstützung waren »TIM

BERNERS LEES »WorldWideWeb- bzw. Nexus-Browser, »MARC ANDREESSENS »Mosaic sowie »ViolaWWW.

Internet

das weltweite, aus dem us-amerikanischen ARPAnet-Experiment (1969f.) hervorgegangene Netzwerk aus unzähligen Rechnern, die über das grundlegende »TCP/IP-Protokoll via »Packet-Switching Daten austauschen.

Ein „Internetwork" bzw. „Internet" im eigentlichen Sinne wurde das ARPAnet mit der Einbindung kleiner Netzwerke wie dem ALOHANet in

Hawaii (1972) sowie dem britischen NPL-Netzwerk (1973) per Satellit.

Dabei wurde erstmals das o.a. Packet-Switching-Protokoll eingesetzt.

Zu den Netzwerkdiensten bzw. Netzwerkprotokollen, die über das Internet genutzt werden, gehörten von Anfang an »FTP, »E-Mail, »Telnet, »Gopher oder »Archie. Seit Ende der 1980er Jahre kam »IRC-Chat hinzu, in den 1990er Jahren »HTTP, die Basis für das multimediale »World Wide Web. Auch vormals eigenständige Netzwerke wie »Usenet, »BITnet und das »EFnet wurden zu Teilen des Internets.

Ursprünglich wurde der Aufbau des Netzwerkes von der Wissenschafts-Abteilung des Verteidigungsministeriums finanziert (Advanced Research Projects Administration, ARPA), in den 1980er Jahren kamen öffentliche Infrastrukturprogramme zum Aufbau von Supercomputing-Zentren (»NCSCA) und der besseren Vernetzung von Universitäten u. Forschungszentren dazu (»NFSNET), in den 1990er Jahren übernahmen kommerzielle Anbieter den Ausbau der Internet-»Backbones und Netzwerk-Knotenpunkte (»IXP).

Der Begriff „internetted" wurde bereits im 19. Jhd. im Telegraphisten-Jargon genutzt, im 20. Jhd. auch von Funkern. Seit Mitte der 1970er Jahre ersetzte „Internet" im Sinne von „Internetwork" zunehmend den Begriff ARPAnet. Inzwischen wird „Internet" oft auch synonym für das WWW als Teil des Internets verwendet.

Internet-Adresse

siehe »IP-Adresse, »Domain-Name

Internet der Dinge („Internet of Things")

siehe »CMU Coke Machine, »Internet Toaster, »Trojan Room Coffee Machine

Internet Explorer

zweitwichtigster kommerzieller Browser im frühen Web, entwickelt von Microsoft (1995f.). IE wurde via Bundling an alle Windows-Nutzer verbreitet und holte gegenüber Hauptkonkurrent »Netscape Navigator schnell auf. Um die Jahrtausendwende 95 Prozent Marktanteil, gilt somit als eindeutiger Sieger des ersten »Browser War. Durch zahlreiche Features erweitert, so etwa HTML-Erweiterungen wie Laufbänder ("Marquee") und mit JAVA-ähnlichen Skriptsprache »ActiveX.

Internet-fax-Service

(auch Internet-to-fax-Gateway genannt), in den 1990er Jahren noch häufig genutzte Möglichkeit, über das Internet ein Fax im In- und Ausland zu verschicken. In den USA etwa existierten vielerorts gratis nutzbare Faxverteilersysteme, die man per E-Mail nutzen konnte, sofern man die Fax-Nummer des Empfängers kannte, nach dem Muster „remote-printer.Mr._Max_Mustermann@1234567890.tpc.int" (auch „TPC.INT Remote printing" genannt).

Im WWW ließ sich dasselbe Verfahren komfortabel mit einfachen HTML-Formularen nutzen.

Um Nummern außerhalb der Gratis-Verteilersysteme anzufaxen, standen zudem zahlreiche kommerzielle Dienstleister zur Verfügung, etwa VersaFax, From.Net Services oder Netbox.

Internet-Kühlschrank

siehe »Internet-Toaster

Internet-Toaster

ein über das Internet ein- und ausschaltbarer Toaster, der von den US-Computerwiss.

»John Romkey und »Simon Hackett für die Networking-Konferenz Interop als funktionsfähiger Prototyp vorgeführt wurde (1990). Das Gerät gilt als einer der Vorläufer für das „Internet der Dinge", also der Integration von smarter Haushaltselektronik bzw. von smarten Industriemaschinen in lokale Netze und das Internet. (siehe auch »CMU Coke Machine, »Trojan Room Coffee Pot Webcam). Von vergleichbarer Bedeutung für das WWW war ein vom Unternehmen LG vorgestellter Internet-Kühlschrank (2000), der den Besitzer automatisch über zur Neige gehende Vorräte benachrichtigte.

Internet-Worm

Computer-Programm, das sich selbst über Netzwerke von Rechner zu Rechner überträgt, und dort auch potentiell Schäden anrichten kann. Der erste Wurm wurde von »BOB THOMAS programmiert (1971), um sich selbst replizierende Software zu testen. Es verbreitete sich über das frühe ARPAnet. Der einzige sichtbare Effekt war die für den Nutzer sichtbare Status-Meldung „I'M THE CREEPER : CATCH ME IF YOU CAN", dann übertrug sich das Programm auf einen neuen Rechner und löschte sich vom vorherigen.

Nach dem selben Prinzip schrieb »RAY TOMLINSON den „Reaper-Wurm" (1972), der sich über das ARPAnet verbreitete und als einzige Aufgabe hatte, CREEPER-Programme zu suchen und zu löschen. Reaper gilt deswegen auch als erste Anti-Virus-Software.

Als erste via Internet verbreitete Schadsoftware gilt der „Morris Worm" (1988), geschrieben von »ROBERT TAPPAN MORRIS. Da der Wurm eine unbegrenzte Anzahl von Kopien erzeugte, wurden tausende Netzwerk-Rechner beeinträchtigt.

InterNIC

(engl. Abk. Internet Network Information Center), für die Vergabe von Domain-Namen zuständiges Internet-Netzwerk-Informationszentrum, entstanden aus dem von Elizabeth Jake Feinler gegründeten „Network Information Center" des ARPAnet, das Informationen über die Rechner im Netzwerk bereitstellte und die Namensvergabe für neue Domains organisierte.

Im WWW-Zeitalter wurde die Domain-Vergabe dann zur bezahlten Dienstleistung. Nominell zuständig war die 1993 von der US-Regierung eingerichtete Gesellschaft InterNIC.

Als Domain Registrar der InterNIC fungierte bis Ende der 1990er Jahre ausschließlich das US-Unternehmen „Network Solutions", bei dem man für jede Registrierung einen Scheck im Wert von 50 Dollar hinterlegen musste.

Weitere Administrations- und Informationsdienstleistungen im Auftrag der InterNIC wurden von AT&T sowie General Atomics/CERFnet ausgeübt.

Nachfolger der I. wurde 1999f. die ICANN (Internet Corporation for Assigned Names and Numbers).

IP, IP-Adress

(Abk. engl. Internet Protocol Adress), eindeutig zuzuordnende Internet-Adresse, die einen Rechner im Netzwerk kenntlich macht. Erkennbar an mit Punkten getrennten Zahlenkolonnen ("dottet decimal notation") wie etwa „255.0.0.255". Eine im Browser eingegebene »URL wie google.de wird automatisch mit Hilfe eines »Domain Name Servers (DNS) in die tatsächliche Adresse übersetzt.

IRC Internet Relay Chat

(engl. etwa: „Plauderei via Internet") textbasierte Direkt-Kommunikation via Internet-Verbindung, für die der Nutzer einen IRC-»Client braucht. Besonders beliebt in den 1990er Jahren waren etwa Programme wie WS_IRC, mIRC oder Global Chat, die sich per Maus bedienen ließen. Im traditionellen IRC per Terminal waren Tastaturbefehle nötig, etwa /list zum Aufruf der aktiven Chat-Kanäle, / Chatrooms oder /join #Channel zum Beitreten. Im WWW dagegen gelangte man dann schließlich direkt im Browser in den

Chatroom. Typisch für den IRC war die Nutzung von „Talk Mode Jargon", der vor allem aus Akronymen wie „IMHO" ("In my humble opinion") oder „HHOJ" ("Haha only joking") bestand u. viele Elemente des Hacker-Slang übernimmt (»Jargon File). In sogenannten »virtuellen Chatworlds war man zudem als »Avatar präsent.

Internet Service Provider (ISP)
Dienstleister, der den Zugang zum Internet ermöglicht, anfangs musste dazu per »Modem und Telefonleitung eine Verbindung zum jeweiligen Rechner des ISP hergestellt werden, der wiederum mit dem Internet verbunden war. Zu den großen ISP der Prä-WWW-Ära gehörten »AOL, »CompuServe und der AT&T-Ableger WorldNet.

ISDN
(engl. Abk. Integrated Services Digital Network, in Dtld.: Integriertes Sprach- u. Datennetz, spöttisch auch: Ist Sowas Denn Nötig?) leitete den Übergang ins digitale Telefonzeitalter ein. Die deutsche Telekom stellte ISDN-Nutzern zwei parallele Kanäle mit je 64 Kbps zur Verfügung. Man konnte entweder gleichzeitig per Modem mit halber ISDN-Kapazität im Netz surfen und telefonieren, oder durch „Kanalkopplung" mit 128 Kbps online gehen. Die Entscheidung, alle Ortsvermittlungsstellen zu digitalisieren, traf die Deutsche Bundespost bereits 1979, Pilotregionen waren in den 1980ern Berlin(West), Stuttgart u. Mannheim, die bundesweite Umstellung geschah von 1989 bis 1994. Später wurde ISDN abgelöst durch» DSL / »ADSL.

ISO-Zeichencode
(Codierung nach Standard der International Standardization Organization), internationaler Zeichensatz u.a. für das Internet, so etwa der deutschsprachige Zeichensatz ISO 8859-1. Der I.-Code entstand durch Erweiterung d. »ASCII-Codes um Sonderzeichen anderer Sprachen. Dabei wurde der zweite Teil des Zeichensatz-Bytes (Pos. 129 bis 256) genutzt, der bei der ursprünglichen US-ASCII-Version frei blieb. Inzwischen abgelöst durch »Unicode-Variante »UTF-8.

IXP
(engl. Abk. Internet Exchange Point), Netzknotenpunkt zwischen Internet-»Backbones, an dem zwischen verschiedenen AAInternet Service Providern und Diensteanbietern Daten ausgetauscht werden, in der Regel wird der I. von den beteiligten Unternehmen gemeinsam verwaltet.
Ursprünglich verband das ARPAnet lediglich große Universitäten oder Forschungszentren à la »NSCA, mit dem Ausbau des Internets stellte sich aber 1990f. die Frage nach leistungsfähigen Netzknoten, die den Zugang für möglichst viele kommerzielle Anbieter gleichzeitig ermöglichten.
Im Rahmen des Ausbaus der „National Information Infrastructure" (siehe »Backbone, »Information Superhighway, »NCSA) wurden zunächst vier „Network Access Points" (NAP) genannten Relaisstationen eingerichtet, angefangen mit dem MAE (Metropolitan Area Exchange) in Washington D.C. (1992), bald darauf folgten NAPs in Kalifornien, New York und Chicago.
So vollzog sich bis Mitte der 1990er Jahre endgültig der Übergang vom staatlich finanzierten ARPAnet bzw. NSFNet für Universitäten und Forschungsinstitute zum öffentlichen, allgemein für Privatpersonen wie auch Unternehmen offenen Internet.
Der historische Begriff NAP wurde bald durch den heute noch gebräuchlichen Begriff IXP ersetzt. Im europäischen Sprachgebrauch werden die Netzknotenpunkte in der Regel CIX (Commercial internet exchange point) genannt, etwa DE-CIX für den Knotenpunkt in Frankfurt am Main (1995f.).

Jargon-File
Sammlung von Slang-Ausdrücken der frühen Hacker-, Arpanet- und KI-Community, das anfangs am Standford KI-Labor SAIL v. Raphael Finkel verwaltet (1975f.) u. als Datei zum Download bereitgestellt wurde. Die Ursprünge gehen bis z. Hacker-Treffpunkt

Tech Model Railroad Club am MIT zurück. Später u.a. weitergeführt v. »RICHARD STALLMAN, u. bereits in den 1980er Jahren als Buch veröffentlicht (THE HACKER'S DICTIONARY, 1983).

Java
plattformunabhängige Programmiersprache, die im Browser ausgeführt wird, entwickelt von SUN Microsystems (1995f.). Java-Applets peppten ab 1995 Webseiten mit grafischen Effekten auf und erleichterten die Interaktion, erlaubten prinzipiell sogar komplexe Aufgaben wie Tabellenkalkulation oder Textverarbeitung (siehe »Network-Computer).

JPEG
(engl. Abk. Joint Photographic Experts Group), Format für Bilddateien im Internet, mit etwas geringerer Datenkompression als »GIF, dafür aber mehr Farbnuancen. Im frühen Web wegen höherer Ladezeiten nicht ganz so beliebt.

LAN
(Abk. Local Area Net), lokales Netzwerk auf Grundlage des von »DAVID BOGGS in den 1970er Jahren entwickelten Ethernet-Protokolls. Erstreckt sich meist auf einen Gebäudekomplex oder eine Büroetage, ist in der Regel via »Router mit dem Internet verbunden. Anfangs geschah die LAN-Vernetzung meist per Kabel, später überwiegend drahtlos als Wireless-LAN (WLAN).

Letter Bomb
siehe »Mail Bomb

LEO (Link everything Online)
Verbund von FTP-Software- und Datenarchiven mit Linkverzeichnis, ab 1992 für das Internet von Studierenden der LMU München aufgebaut, bald auch via HTTP/HTML zugänglich, durch weitere Dienste erweitert, insbesondere ein Online-Wörterbuch Deutsch-Englisch. Seit 2006 in eine private Firma übergegangen.

Linux
siehe »Unix

Listserv
Software zum komfortablen Betreiben von Mailinglisten, ursprünglich „Bitnic Listserv", programmiert v. IRA FUCHS, DANIEL OBERST u. RICKY HERNANDEZ (1984f.) u. anfänglich im US-Netzwerk »BITNET eingesetzt. Bald kam eine unabhängige zweite Listserv-Software mit automatischer Abonnier-u. Abbestell-Möglichkeit per E-Mail dazu (ERIC THOMAS, 1986f.), die bis heute verbreitet ist. So konnte in der Betreffzeile einer Verwaltungs-Mail an die jeweilige Listserv-Adresse etwa der Befehl „SUBSCRIBE" oder „UNSUBSCRIBE" eingegeben werden. Vor dieser verbesserten Variante mussten Abonnentenlisten vom jeweiligen Listen-Administrator per Hand verwaltet werden.

Lycos
(engl., von lat. Lycosidae, e. Wolfsspinnen-Art), Suchmaschine, gegr. von Michael L. Mauldin (1994f.), ausgebaut zu anzeigenfinanziertem Web-Portal (1995f.) u.a. mit Freemail-Angebot (1997f.), zeitweise schärfster Konkurrent von »Yahoo, galt 1999 als meistbesuchte Website weltweit u. als eines der ersten profitablen Online-Unternehmen überhaupt.

Lynx
(engl. Luchs), einer der ersten, noch rein textbasierten Webbrowser, der zumeist via Terminalverbindung (»Telnet) genutzt wurde. Entwickelt 1992f. an der Universität Kansas, ursprünglich für den campusinternen Dokumenten-Zugriff u.a. via »Gopher-Protokoll, seit 1993 mit Internet-Interface.

Mailbomb
E-Mail mit speziellen Zeichenkombinationen aus Sonderzeichen oder Steuerzeichen (etwa Return, Escape, Backspace etc.), die ein Betriebssystem zum Abstürzen bringen kann.

Mailbox
siehe »BBS

Mailing-Liste
siehe »Listserv sowie »Usenet

Maus-Net
(Abk. für Münster Apple User Netz), auf Grundlage der MAUS-Mailboxsoftware

von JÖRG WEICHELT, JÖRG STATTAUS, GEREON STEFFENS, KAI HENNIGSEN u.a. gegründetes »BBS-Netzwerk (1985f.), ursprünglich für Apple II-Nutzer. Das M.-Net versammelte Anfang der 1990er Jahre mehr als 100 Mailboxen. Es galt nebendem »FidoNet und dem »Z-Netz/CL-Netz als drittgrößte BBS-Netzwerk in Deutschland.

MCI Mail

einer der ersten E-Mail-Services in den USA (1983f.), gegründet von »WILLIAM G. MCGOWAN, technisch unterstützt von »Vint Cerf, ermöglichte zunächst Austausch von Mails mit anderen MCI-Mail-Kunden, später auch mit Adressen bei anderen Anbieter. M. bekam als erstes Privat-Unternehmen einen direkten Anschluss an das damals noch non-kommerzielle Internet (1989f.), damit begann eine Entwicklung, die in der Schaffung von großen kommerziellen Netzknotenpunkten endete (siehe »IXP).

MIME

(engl. Abk. Multipurpose Internet Mail Extensions Encoding), Mehrzweck-Übertragungsprotokoll für Attachment-Daten, etwa Bilder, Audio-Files oder Filme, die als Teil einer E-Mail verschickt werden. Bis heute gebräuchlich, löste das »UUencode/UUdecode-Verfahren ab.

Mirror-Site / Mirror-Server

(engl. Spiegel-Seite / Server), identische Server-Ressourcen, insbesondere Download-Archive, die an unterschiedlichen Orten verfügbar sind, so dass man einen Spiegel-Server in der Nähe zwecks schneller Datenübertragung wählen kann.

Minitel

in Frankreich 1982 - 2012 angebotener Online-Dienst der französischen Post, per Telefon und Bildschirmterminal zugänglich, federführend entwickelt von »Gérard Théry u. »Bernard Marti.

Im Unterschied zum deutschen »BTX wurden Daten nicht zentral gespeichert, sondern von unterschiedlichen Orten aus über das »Transpac-Backbone bereitgestellt.
Anders als in Dtld. wurden zudem rasch Mio. von Nutzern erreicht, u.a. wegen kostenloser Abgabe der Terminals als Alternative zum Telefonbuch.
Die große Nutzerzahl führte zu zahlreichen kommerziellen Angebot im Rahmen d. zentral verwalteten, staatlich kontrollierten Netzwerks. Neben kostenloser Telefon/Adressauskunft waren vor allem Chat u. Messaging populär, aber auch Online-Dating u. erotische Angebote (Minitel rose). Einer der ersten Internet-Millionäre, »Xavier Niel, schuf die Grundlage seines Vermögens als M.-Diensteanbieter.
Der M.-Erfolg war internationales Vorbild, u.a. für dtsch. »BTX sowie für Netzausbau in USA ab 1991 (siehe »Backbone). Kommerzielle Umsätze via Minitel waren Mitte der 1990er Jahre höher als im US-Web, absoluter Höhepunkt im Jahr 2000 mit 25 Mio. Nutzern.

Modem

(engl. Abk. Modulator/Demodulator), außerhalb von Universitäten war ein Modem in den 1980er und 1990er Jahren der einzige Weg, um über das analoge Telefonnetz „online zu gehen", mit sehr langsamen 28,8 Kbps bis maximal 56 Kbps. Das Modem übersetzte (modulierte) die vom Nutzer abgeschickten digitalen Daten in analoge Audiosignale. Die dabei erzeugten schrammelnd-kreischenden Geräusche ähneln dem noch heute geläufigen „Fax-Geräusch". Eingehende Signale wurden aus Geräuschen in digitale Daten zurück übersetzt (demoduliert). Modems direkt an das Telefonnetz anzuschließen war früher allerdings von der Bundespost verboten, so nutzte man anfangs »Akustikkoppler. Das erste automatisch wählende Modem für PC/Heimcomputer entwickelte im Jahr 1981 »Dennis Hayes. Die massenhafte Verfügbarkeit von Modems löste insbesondere den Boom von »BBS-Netzwerken aus.

Mosaic
mit vollem Namen „NCSA Mosaic", erster vollwertiger Multimedia-Browser für das junge WWW, am »NCSA von »MARC ANDREESSEN entwickelt (1993f.), gefördert mit Geldern der „Gore Bill" (»Information Superhighway). Andreessen entwickelte das Konzept zum kommerziellen »Netscape Navigator weiter. Ein direktes kommerzielles Spin-Off von M. wurde später „Spry-Mosaic".

Mozilla
(engl., „Mosaic" plus „Godzilla") anfangs ein Nickname für den von »MARC ANDREESSEN aus »Mosaic entwickelten »Netscape Navigator, da dessen Homepage als Maskottchen ein Dino ("Godzilla") zierte. Später auch Name des Open Source-Nachfolgeprojektes Mozilla Browser bzw. Firefox.

MPEG
(engl. Abk., Moving Pictures Expert Group), Datenkomprimierungs-Format ähnlich JPEG speziell für Videodateien, erkannbar an der Dateinamen-Erweiterung „.mpg". Machte im WWW das Anschauen von Videos im Browser und den schnellen Download möglich.

MUD
(engl. Abkürz. Multi-User-Dungeon: Mehrbenutzer-Kerker) eine Kreuzung zwischen Adventure-Spiel und Chatroom (»IRC-Chat). Solche textbasierten Online-Rollenspiele (»ASCII-Art) wurden schon im frühen Internet am Terminal des Großrechners gespielt. Weil man sich von Raum zu Raum bewegte, oft mit einfacher ASCII-Grafik bebildert, auch eine ganz frühe Form der »virtuellen Realität im Internet.

MSGGROUP
siehe »SF-Lovers Mailingliste

MSN (Microsoft Network)
Online-Service von Microsoft, parallel zum Release des Betriebssystems Windows 95 gestartet (1995f.). Zum Paket gehörte neben dem »Dial-Up-Service ein Web-Portal namens „Microsoft Internet Start" (home.microsoft.com), das automatisch als Startseite beim Aufruf von Microsofts Browser »Internet Explorer erschien. Dort gab es neben einem Internet-Tutorial u.a. auch aktuelle Nachrichten von Microsofts zusammen mit NBC betriebener News-Website msnbc.com und eine Linkliste.

NCSA
(engl. Abk. National Center for Supercomputer Applications), Forschungszentrum zur Förderung von Rechner- und Netzwerk-Infrastruktur an der Universität von Illinois, gegründet v. LARRY SMARR (1986f.), der einen Plan zum Aufbau besserer Kapazitäten vorgelegt hatte (Black Proposal, 1983). Insgesamt wurden mit Geldern der National Science Foundation fünf solcher Zentren gegründet (zusätzlich i. Cornell, Princeton, Pittsburg u. San Diego).
Einen zusätzlichen Schub für das NCSA gab die Gore-Bill (1991, siehe »Backbone). Zu richtungsweisen Internet-Anwendungen, die am NCSA Illinois entwickelt wurden, zählen das „NCSA Telnet" (e. »Telnet-Version für Mac OS u. Microsoft DOS), sowie der erfolgreiche WWW-Browser »Mosaic.
Die Netzwerkstruktur rund um die fünf NCSA-Standorte entwickelte sich bald zum wichtigsten Internet-Backbone (siehe »NSFNET).

Netiquette
(engl., Net plus Etiquette), Benimmregeln für das Internet, vor allem für die schriftliche Kommunikation per Mail oder Chat. In den USA heißt das z.B.: obszöne Schimpfwörter (insbesondere die berühmten „Seven Words") vermeiden und überhaupt nett zueinander sein, um »Flaming zu vermeiden. Die goldene Regel von Tech-Evangelist GUY KAWASAKI lautete schon 1995: „Would I say this to the person's face?". Zur N. gehört ebenso, in Foren die anderen nicht mit Werbungs-»Spam oder »Cross-Postings zu nerven, und vor allgemeinen Fragen in die Runde erstmal die »FAQs zu lesen.

Beim Design der Homepage galt es bereits im frühen WWW, lange Ladezeiten durch möglichst wenig Schnickschnack wie umfangreiche Bild- oder Videodateien zu vermeiden, sowie die Augen des Besuchers nicht durch zu viele animierte GIFs oder Laufbänder zu strapazieren.

Netizen

(engl. Net plus Citizen) Netzbürger sind im Internet heimisch geworden, getreu »HOWARD RHEINGOLDS Diktum vom „Homesteading on the Electronic Frontier".

Netscape Navigator

erster kommerzieller Web-Browser (1994f.), entwickelt von Marc Andreessen, Weiterentwicklung des von ihm zuvor am National Center for Supercomputer Applications (NCSA) geschaffenen Mosaic-Browsers. Wurde anfangs Business-Kunden verkauft, aber an Privatnutzer wie auch per Bundling kostenlos an AOL-Neukunden abgegeben.
Anfangs marktbeherrschender Browser mit mehr als 90 Prozent Marktanteil, in den »Browser Wars bis zur Jahrtausendwende von Microsofts »Internet Explorer überflügelt.
Erweitert mit Netscape Mail & Newsgropus, Netscape Adress Book sowie Netscape Composer (HTML-Seiten-Erstellung) zur Netscape Suite. 1997 wurde der Browser zwecks Unterscheidbarkeit umbenannt in Netscape Communicator. 1998 wurde Netscape von AOL aufgekauft, Weiterentwicklung durch die „Mozilla Organization", später die „M. Foundation". N.-Browser lebt bis heute weiter als OpenSource-Projekt „Firefox".

Network-Computer (NC)

Terminal-ähnliche PC-Alternative mit geringer Leistung, die alle Aufgaben im Browser erledigt und Daten auf externen Servern speichert. Prinzipiell dank »Java-Applets seit 1995 machbar, aber in der Frühzeit des WWW technisch noch nicht realisiert.

Netzneutralität

bezeichnet die gleichberechtigte Behandlung von Daten im Internet, unabhängig von Sender und Empfänger, inbesondere deren Durchleitung an Netzknotenpunkten (»Internet Exchange Point/IEX). Die N. wurde mit der zunehmenden Kommerzialisierung des Internets u. des WWW seit Beginn der 1990er Jahre zunehmend wichtiger, da der Netzwerk-»Traffic neben den mit staatlichen Mitteln finanzierten »Backbones vor allem über die Leitungen kommerzieller Anbieter lief.
Große Telekommunikations-Unternehmen u. aufstrebende Internet-Konzerne hatten ein finanzielles Interesse daran, Daten eigener Kunden schneller und in höherer Bandbreite durchzuleiten. Zugleich gab es bereits sehr früh ein Interesse von Internet Service Providern (»ISP), konkurrierende Netzwerk-Dienstleistungen auszuschließen, etwa »Telefonie via Internet.
Dem WWW-Begründer »Tim Berners-Lee zufolge ist N. das technische Pendant zu traditionellen Grundrechten wie der Redefreiheit sowie dem Verbot von staatlicher Zensur.
Der Begriff „Network Neutrality" wurde erst 2003 vom US-Medienrechtler Tim Wu geprägt, vorher sprach man allgemeiner etwa v. „freedom of information exchange" oder machte mit dem Ideal der „dumb pipe" das Wasserleitungs-Netz zum Vorbild für den diskriminierungsfreien Datentransport.

Networking Group

siehe »RFC (Request for Comment)

Newsgroup

neben »Usenet Newsgroups bezeichnet N. auch die Foren im WWW sowie die Angebote auf den Portalen von von »ISPs wie »AOL etc.. Zum Lesen von Newsgroup-Postings wird ein Newsreader genutzt, in manchen Browsern wie etwa Netscape war diese Funktion integriert.

Newsreader

siehe »Newsgroup

NeXT-Computer
HighEnd-Rechner für wissenschaftliche Zwecke, hergestellt von der US-Firma NeXT (1988f.), gegründet von Steve Jobs nach dessen zeitweiligen Abschied von Apple, später von Apple aufgekauft (1996). Als Betriebssystem wurde NeXTStep verwendet, ein »Unix-Abkömmling, spätere Grundlage für MacOS. Auf einem NeXT-Computer am »CERN entwickelte »TIM BERNERS-LEE die Software-Grundlage für das World Wide Web (1990f.), auch die ersten Webserver waren sämtlich NeXT-Workstations, da die WWW-Serversoftware anfangs nur auf NeXT-Maschinen lief. Auch der erste, von Berners-Lee entwickelte Web-Browser (»World Wide Web/Nexus) lief nur auf NeXT-Computern.

NPL-Net
siehe »SATNET

NIC (Network Information Center)
siehe »InterNIC

NSA line eater
(eng. NSA Zeilenfresser), Verschwörungstheorie aus der Zeit des »Usenet, die sich um eine gleichnamige Spionagesoftware des US-Geheimdienstes NSA dreht, die in Usenet-Postings angeblich bestimmte „Zeilen frisst", sofern diese bestimmte Schlüsselworte enthalten. Teil dieses Mythos war es, als Usenetz-Nutzer absichtlich solche Schlüsselworte zu nutzen, um den „line eater" zum Absturz zu bringen.

NSFNET
(engl. Abk. National Science Foundation Network), Netzwerkprojekt der National Science Foundation (1985f.), das zunächst die optimale Vernetzung von fünf neuen „Supercomputer Centers" (siehe »NSCA) untereinander sowie mit anderen Universitäten u. Forschungseinrichtungen sicherstellen sollte. Dabei wurde auf das auch im Internet verwendete »TCP/IP-Netzwerkprotokoll gesetzt.
Das NSFNET entwickelte sich selbst zum wichtigsten Internet-»Backbone (1986f.), das später den Netzzugang auch für Privatpersonen und Unternehmen erlaubte (1992f.) u. schließlich die ursprüngliche ARPAnet-Infrastruktur ersetzte.

Online
(engl. über den Draht [verbunden]), Gegenteil von off-line, taucht als Begriff „on line" bereits im Telegraphenzeitalter auf, später „on-line" für Verbindung zwischen Computern bzw. Computern und Peripheriegeräten (1950f.). Computing-Pionier »Doug Engelbart taufte seine kollaborativ im Netzwerk nutzbare Software „oN-Line System" (NLS, 1963f.). Im frühen ARPAnet 1969f. „online" von Anfang an als Begriff für Computer, die via Netzwerk verbunden sind. Nach u. nach in neuen Kombinationen wie Online Publishing, »Online Diary, Online Dating etc.

Online Diary
im Web veröffentlichtes Tagebuch, Vorgänger des eher allgemeineren Weblogs, erstmals 1994/1995 belegt, als erste Blogger avant la lettre gelten »JUSTIN HALL, »JOHN BARGER, »DAVE WINER sowie die anonyme Bloggerin „THE MISANTHROPIC BITCH". Der Begriff Weblog wurde erst 1997 geprägt, im frühen WWW wurde synonym neben O.-Diary a. von „Zine" gesprochen.

OSI
siehe »Protocol Wars

Packet, Packet Switching
(engl. Paket, Paketaustausch) Der Datenaustausch via Internet geschieht durch Packet Switching von IP-Packets, d.h. durch den Austauch von nach Vorgabe des „Internet Protocol" (» TCP/IP) standardisierten Datenpaketen. Diese Datencontainer mit einer Größe bis zu 65.000 Byte, meist aber nur bis 1.500 Byte, enthalten neben Absende- und Zielinformationen die eigentlichen Nutzdaten. Am Startpunkt wird eine Datei in Pakete aufgeteilt, am Zielort werden die Pakete wieder zur Ursprungsdatei zusammengesetzt. Als Erfinder d. Packet Switching

gelten »P. Baran u. »DONALD W. DAVIES (1966f.), das entsprechende TCP/IP-Protokoll entwickelten »B. Kahn u. »VINT CERF (1974f.).

Papernet
siehe »Snailmail

PGP
(engl. Pretty Good Privacy, Ziemlich gute Privatsphäre), von »PHILIP ZIMMERMANN entwickelte Methode zur kryptographischen Verschlüsselung von digitalen Daten mit „public key" und „private key", insbesondere zum Schutz der E-Mail-Kommunikation. Verbreitete sich 1991f. als Freeware via Internet. Wurde auf Windows-Rechnern in den 1990er Jahren etwa mit Hilfsprogrammen wie ProPGP oder WinPGP genutzt.

Ping (Packet Internet Groper)
(engl. to ping, ursprgl. Schallsignal zur U-Boot-Ortung aussenden), Software, mit dem über das „Echo-Protokoll" die Erreichbarkeit eines entfernten Servers im Netzwerk überprüft werden kann.
Dazu wird ein „ping" genanntes Datenpaket auf die Reise geschickt, das der entfernte Server als ein „Echo" zurückschickt.
Zum Testen der Verbindung kann ein spezieller Ping-Client genutzt werden, der über die Traceroute-Methode zugleich den Weg des Ping-Datenpaketes durch das Netz angibt.

Plug-In
siehe »Browser

POP
(Abdk. Point of Presence), Einwahlknoten in der Nähe, der via Telefon-Modem zum Ortstarif genutzt werden konnte.

POP3
(engl. Abk. Post Office Protocol [Version 3]) Übertragungsprotokoll für E-Mails, regelt den Datenaustausch zwischen Internet Service Provider und lokalem Rechner, sprich Mail-Download und Mail-Upload. Später durch das »IMAP-Verfahren abgelöst.

Post(ing)
(engl., (Aus-)Sendung, aussenden) etwas ins Netz stellen, vor allem Nachrichten / Inhalte. Die Aussendung selbst ist der „Post" oder das „Posting".

Postmaster
(engl. Leiter d. Poststelle), lokaler Verantwortlicher für den E-Mail-Service, vor allem in großen Firmen oder Institutionen, meist in Personalunion mit dem »(Sys-)Admin. Ansprechpartner bei Fehlermeldungen, etwa »Bounce-Messages.

PPP
(engl. Abk. Point to Point Protocol), Netzwerk-Protokoll zur Verbindung des PC mit dem Internet über eine serielle Leitung, früher oft für den Aufbau einer Dial-Up-Verbindung via Modem genutzt, genauso aber für den Zugang im lokalen Netzwerk (LAN). Alternativ konnte man per Modem auch das »SLIP-Protokoll verwenden.

Pretty Good Privacy
siehe »PGP

Protocol
Netzwerkprotokoll, siehe »TCP/IP

Protocol Wars
(engl. Protokoll-Kriege), zwischen den 1970er und 1990er Jahren international geführte Debatte über einheitliche Netzwerkstandards zwischen den USA, Europa und dem Rest der Welt. Im nordamerikanischen »ARPANET wurde in den 1970er Jahren das auf »Packet-Switching basierende »TC/IP-Protokoll (Transfer Protocol/Internet Protocol) eingeführt. Dagegen setzten einige europäische Regierungen (u.a. BRD, Frankreich und Großbritannien) sowie die Europäische Kommission bei lokalen Netzwerken auf das komplexer aufgebaute OSI-Modell (Open Systems Interconnection Model). Der Boom des auf TC/IP basierenden Internets nach dem Start des World Wide Webs sorgte dafür, das der OSI-Standard bald keine Rolle mehr spielte.

Provider
siehe »ISP

Quantum Link
siehe »AOL

Reaper
siehe »Internet Worm

RFC
(engl. Abk. Request for Comments) ursprünglich Diskussionspapiere für technische und organisatorische Netzwerkstandards im Internet, zunächst vom „RFC Editor" »STEVE CROCKER (1969f.), später von Jon Postel (1971f.) freigegeben und online archiviert.
Recht schnell waren RFCs allerdings bei Veröffentlichung de facto bereits Standard, da ihnen bereits eine Experten-Diskussion in der für die ARPAnet-Entwicklung maßgeblichen „Networking Group" vorausgegangen war.
Per RFC festgelegt wurden so etwa die Protokolle für »E-Mail, »FTP, »Telnet, »TCP/IP und später auch für »HTTP und »HTML. Als RFC veröffentlicht wurde aber z.B. auch die Internet-Gebrauchsanleitung »HITCHHIKERS GUIDE TO THE INTERNET

Robot
siehe »Agent

RocketMail
eines der ersten Freemail-Angebote im WWW (1996f.), schärfster Konkurrent von »Hotmail, kurz nach dem Start bereits aufgekauft von »Yahoo u. in Yahoo! Mail umbenannt.

Router
(engl. etwa: Routen-Vermittler), Schnittstellen, um die Verbindung zwischen einem lokalen Netzwerk und entfernten Netzwerken bzw. Servern herzustellen. So sind nie zwei Rechner direkt verbunden, sondern nutzen R. zur Weiterleitung der Daten. (siehe auch »IMP)

RTFM
(engl. Abk.: Read the fucking manual, „Lies die verdammte Gebrauchsanleitung"), bereits im »Usenet u. frühen Internet-Mailinglisten gebräuchliche Beschwerde bei allgemeinen Nachfragen, die auch durch das Lesen von online verfügbaren Einsteiger-Informationen etwa in Form spezieller »FAQs geklärt werden könnten.

SATNET
auch „Atlantic Packet Satellite Network" genannt, verband zunächst das University College in London via Satellit mit dem »ARPAnet in den USA (1973f.), wobei »Packet-Switching genutzt wurde. Kurz darauf wurde auch das von »DONALD W. DAVIES eingerichtete Netzwerk des National Physical Laboratory in London eingebunden (NPL-Net).
Die Daten flossen über eine bereits zuvor eingerichteten Satelliten-Strecke zwischen der seismologischen Forschungsstation NORSAR/Norwegen u. dem ARPAnet.
Nach dem Anschluss des »ALOHANet/Hawaii war SATNet das zweite mit dem ARPAnet verbundene Netzwerk, u. setzte die Herausbildung des Netzes der Netze (Internetwork/Internet) fort.

Seven Big Hierarchies
siehe »Usenet

Server
(engl. Bediener) ein entfernter Rechner, der „Serviceleistungen" für den lokalen »Client erbringt, oder das jeweilige Programm, das auf dem Server läuft. Alle Webseiten des WWW liegen auf speziellen Verzeichnissen von »Web-Servern.

SF-Lovers Mailing-Liste
im »ARPAnet zu Versuchszwecken vom US-Computerwiss. ROGER DUFFY eingerichtete Mailingliste zum Thema Science Fiction-Literatur (1979f.), mit das Konzept Gruppenkommunikation im Netzwerk erprobt werden sollte. Nach dem MS-GGROUP (1975f.) war die SF-Lovers-Liste die zweite Mailingliste überhaupt. Neue Mails wurden zunächst an den Moderator geschickt, der sie an die Listmitglieder weiterschickte. Erst später durch »Mailinglisten-Software automatisiert.

SLIP
(engl. Abk. Serial Line Internet Protocol) Protokoll zur Verbindung des PC mit dem Internet über eine serielle Leitung, in der Regel via Modem. Früher z.T. als Alternative zu »PPP genutzt, das auch in lokalen Netzwerken (LAN) funktionierte.

SMTP
(engl. Abk. Simpe Mail Protocol), Übertragungsprotokoll für E-Mails, entwickelt von JON POSTEL (1980f.), das anders als zuvor üblich den Mail-Verkehr vom »FTP-Protokoll zum Dateidownload abkoppelte. Im Gegensatz zu dem im »Usenet üblichen »UUCP-Protokoll war SMTP für Rechner gedacht, die ständig mit dem Internet verbunden und somit direkt erreichbar waren, ohne dass Dateien auf anderen Rechnern zwischengelagert werden mussten. In der Regel wurde SMTP im Hintergrund von einem Mailprogramm (Mail User Agent) ausgeführt.

Slate
eins der ersten renommierten E-Zines im WWW (1996f.), gegründet von MICHAEL KINSLEY, anfangs im Besitz von Microsoft, später der Washington Post.

Snail Mail
(engl. Schneckenpost) seit der Erfindung der »E-Mail ironische Umschreibung für die Papierpost, geht zurück auf „USnail", die Verbalhornung der US-Bundespostbehörde „U.S. Mail". Alternativ wurde bei Adressen in E-Mail- oder Usenet-Signaturen auch der Ausdruck „papernet" verwendet.

Spam
(engl. Pressfleisch), unerwünschtes und massenhaftes Versenden von Werbung via Internet, anfangs vor allem als Phänomen in »Usenet-Newsgroups und in Mailing-Listen bekannt. Wurde schon immer als ein eklatanter Verstoß gegen die »Netiquette gewertet, der rasch zu »Flaming führen konnte.

Spider
siehe »Agent

SSL
(engl. Abk. Secure Socket Layer protocol), Netzwerkprotokoll für die sicherere Übertragung von Daten zwischen Browser und Webserver, entwickelt von Netscape. Erkennbar an der mit „https:/" statt lediglich „http://" beginnenden Adresse in der Browserzeile.
Für die internationale Version des Netscape Navigators wurde anfangs ein schwächerer Verschlüsselungsalgorithmus verwendet, einer Gruppe von Cypherpunks gelang es allerdings, diese Methode zu knacken (1995).
In der zweiten Hälfte der 1990er Jahre wurde SSL (umbenannt in TLS) rasch zur Standardmethode für die sichere Internet-Kommunikation, auch bei der Übertragung von E-Mails.

Suchmaschine
Anwendung zum Durchsuchen des Internets u. World Wide Webs nach bestimmten Stichworten.
Zur Datei- und Dokumenten-Recherche auf »FTP-Servern und im Gopherspace (»Gopher) gab es bereits die Suchmaschinen »Archie (1990) und »Veronica (1992).
Im WWW lösten Suchmaschinen rasch thematische Linklisten und hierarchisch geordnete »Webkataloge ab.
Als erste Suchmaschine im Web gilt Aliweb (Archie-Like-Indexing for the Web, 1993), deren Datenbasis noch auf Einsendungen von Seitenbetreibern beruhte.
Die erste vollautomatische Suchmaschine war WebCrawler (1994), deren Spider-Algorithmus das Web durchforstete und einen Stichwort-Index anlegte, was die Volltext-Suche ermöglichte. WebCrawler wurde zunächst vom Webportal »AOL, später vom Portal »Excite übernommen. Die im selben Jahr wie WebCrawler gestartete Suchmaschine Infoseek bot ähnlich wie der Konkurrent »Altavista (1994f.) bereits ein Ranking-System, das nach Relevanz geordnet war. Netscape machte W. zur Standard-Suchmaschine des N.-Navigator-Browsers (1995).

Besonderen Erfolg hatte das Webportal »Yahoo (1995f.) seit der Übernahme der S. AltaVista (1998). Schließlich wurde jedoch die S. Google (1998f.) mit ihrem auf Linkpopularität beruhenden Prinzip (siehe »BackRub) nach der Jahrtausendwende zum Marktführer und verdrängte die übrigen Angebote.

Sysop
(engl. Abk.: „System Operator"), Betreiber einer Mailbox bzw. eines Bulletin Board Systems (»BBS), vgl. »Sysadmin

Sysadmin o. Admin
Systemadministrator, auch Superuser genannt, jemand, der einen Großrechner oder ein ganzes Rechenzentrum am Laufen hält und die entsprechenden Administratoren-Rechte ausübt.

Talk Mode Jargon
siehe »Internet Relay Chat (IRC) u. »Jargon-File

TCP/IP
(engl. Abk. Transmission Control Protocol/Transfer Protocol), das grundlegende Netzwerkprotokoll für das Internet, beruhend auf der »Packet-Switching-Methode. Auf dieser Datenübertragungsmethode aufbauend arbeiten verschiedene Netzwerkdienste wie »FTP (Dateidownload), »SMTP (Mailversand), »HTTP (World Wide Web), »Telnet (Terminalverbindung zu entferntem Rechner) u.ä., sie werden als Gesamtheit auch TCP/IP-Stack bzw. TCP/IP-Stapel genannt. Siehe auch »Winsocks

Telebuch
siehe »ABC-Bücherdienst

Teledildonics
(engl. Tele plus Dildo, dtsch. Teledildonik), bezeichnet das Konzept von Cybersex mit vernetztem elektromechanischem Interface. Ausführlich beschrieben bereits in »HOWARD RHEINGOLDS Klassiker „Virtual Reality" (1991), als Begriff bereits von »Ted Nelson geprägt (Computer Lib/Dream Machines, 1975), testweise u.a. von Zukunfts- u. Trendforschern wie MATTHIAS HORX erprobt, war in der Praxis aber nie ein Massenphänomen.

Telefonie via Internet
bereits in den 1990er Jahren wurde der PC mit Modem, Soundkarte, Mikrofon und Lautsprecher zum kostengünstigen Ersatz für das normale Telefon. Internet-Phone-Apps wie VocalTec (1995f.) ermöglichten das Telefonieren von PC zu PC, vorausgesetzt, auch der Gesprächspartner am anderen Ende war online. Dieses Verfahren wird auch „Voice-Over-IP" (VoIP) genannt.
Spezielle Gateway-Server wie Free World Dialup (FWD) ermöglichten es aber bereits Mitte der 1990er Jahre ebenfalls, zum Ortstarif Festnetztelefone in entfernten Regionen oder Ländern anzurufen.

Telnet
frühes »ARPAnet-Protokoll zur Fernsteuerung von Rechnern über die Texteingabe per Terminal und die Textausgabe per Fernschreiber oder Bildschirm (1969f.). Auf diese Weise konnten etwa Programme auf einem entfernten Rechner gestartet werden oder Datenbank-Recherchen erfolgen.

T-Netz
siehe »Zerberus-Software / Z-Netz

Top Level Domain
(engl. Höchste Ebene der Domain), Kürzel am Ende einer Internet-Adresse, nach dem »Domain-Namen selbst, bezeichnet die Kategorie. Im frühen Internet u. WWW waren das .com (commercial) sowie .co (speziell in Großbritannien), .edu (educational) sowie .ac (academic, speziell in Großbritannien), .gov (government, öffentliche Einrichtungen), .mil (military), .net (networking), .org (non- commercial organization). Eingeführt wurden das System der Top Level Domains in den 1970er Jahren durch »Jake Feinler (siehe »InterNIC). Zu den ersten Länderkennunge gehörten .us (United States), .cn (China), de (Deutschland), usw.

Traceroute
siehe »Ping

Traffic
(engl. Verkehr) bezeichnet den Datenverkehr im Internet, vor allem das Volumen der ausgetauschten Informationen, gemessen in Kilobytes per Second (Kbps).

Transpac-Netzwerk
auf »X.25-Protokoll basierendes Netzwerk, das das Rückgrat (»Backbone) des frz. »Minitel-Dienstes bildete.

Trojan Room Webcam
seit 1991 per automatisch aktualisiertem Digitalkamera-Foto „live" im Internet, ab 1993 im WWW zu beobachtende Kaffeemaschine an der britischen University of Cambridge. Sie gilt historisch als erster Einsatz einer Webcam überhaupt. Als Erfinder gelten PAUL JARDETZKY, QUENTIN STAFFORD-FRASER, DANIEL GORDON u. MARTYN JOHNSON.
„Trojan Room" war die Bezeichnung der dortigen Teeküche. Die Bilder im Format 128x128 Pixel mussten anfangs mit einer eigenen Software (XCoffee-Client) via Internetverbindung heruntergeladen u. angezeigt werden, da Bilder erst ab 1993 in HTML-Webseiten eingebunden werden konnten (»Inline Graphics). Die T.-Webcam wurde bis 2001 vor Ort betrieben. (siehe auch »CMU CS Coke Machine, »Internet).

Unicode, UTF-8
von JOSEPH D. BECKER 1988 entworfener universeller Zeichensatz, mit dem sich anders als mit dem »ASCII-Standard alle international gebräuchlichen Zeichen codieren ließen. Dafür veranschlagte B. anfangs einen Vorrat von maximal 16.384 Zeichen, also einen 16-Bit-Code. 1991 wurde der erste Unicode-Standard offiziell veröffentlicht, spätere Erweiterungen enthielten erst 65.536, später mehr als 1 Mio. potentielle Zeichen. Die heute am weitesten verbreitete Unicode-Variante UTF-8, erstmals 1992 festgelegt von »KEN THOMPSON und ROB PIKE, ist zum weltweiten De-Facto-Webstandard geworden.

Unix
Betriebssystem für universitäre Großrechner, von »KEN THOMPSON U. »DAVID RITCHIE an den Bell Laboratories entwickelt (1969f.), von »BILL JOY an der Universität Berkeley verbessert u. mit ARPAnet-Netzwerkprotokoll TC/IP erweitert (Berkeley Software Distribution/BSD, 1977f.).
Unix kam wegen der besonderen Netzwerkfähigkeit auch für den Betrieb von Internet- u. später »Web-Servern zum Einsatz.
Weil das Original-U. ursprünglich lizenzfrei war, in den 1980ern aber von AT&T kommerzialisiert wurde, entstand als Gegenbewegung das GNU-Projekt von »R. Stallman, welches schließlich in Linux mündete, dem von »LINUS TORVALDS entwickelten alternativen Betriebssystem für Personal Computer (1991f.), das bald auch UNIX als Standard-System für Web-Server ablöste.
Das weiterhin lizenzfreie Berkeley-Unix (BSD) wurde vom US-Unternehmen NeXT zum Betriebssystem NeXTStep weiterentwickelt. Auf einem »NeXT-Computer entwickelte »TIM BERNERS-LEE die Software für das World Wide Web (HTTP-Protokoll, HTML-Skriptsprache, Browser etc.). Auch der weltweit erste Webserver am »CERN lief auf einem solchen Rechner.

URL
(engl. Abk. Universal Resource Locator), von WWW-Erfinder »TIM BERNERS-LEE 1991 eingeführte Bezeichnung für Internetadressen, die aus » Domain-Namen sowie Top-Level-Domain bestehen. Je nach vorangestelltem Protokoll verweist die URL auf ein WWW-Dokument (http://) oder einen FTP-Server (ftp://), früher waren zudem auch Verweise auf Terminal-Verbindungen (telnet://) oder »Gopher-Server (gopher://) üblich. Über »Domainname-Server wird die URL in die eindeutige, aus Ziffern bestehende »IP-Adresse übersetzt.

Usenet
(engl. Abk. Unix User-Network) ein vor dem WWW-Zeitalter breit genutzter Bereich des Internets (1979f.), der auf speziellen Usenet-Servern diverse Newsgroups bzw. Discussion Groups genannte Diskussionsforen bereitstellt, deren Postings (auch Newsfeed genannt) sich mit einem »Newsreader abonnieren lassen. Prinzipiell gleicht das Usenet damit heutigen Webforen sowie Mailing-Listen.

Anfangs war das Usenet von seinen Begründern »Tom Truscott u. »Jim Ellis als Alternative für alle Nutzer ohne Anbindung an das ARPAnet gedacht (Poor Man's ARPAnet), in dem »Unix-Rechner via Telefon-»Modem direkt verbunden bzw. Daten von Rechner zu Rechner weitergeleitet wurden (vgl. »Bulletin Board System (BBS). Später wurde das dafür verwendete Unix-to-Unix-Copy-Protokoll (»UUCP) durch den Internet-Standard TC/IP ersetzt und die Usenet-Server zu einem Teil des Internets.

Mitte der 1990er Jahre gab es etwa 15.000 Usenet-Newsgroups. Ursprünglich war das Usenet in sieben große Bereiche (Seven Big Hierarchies) aufgeteilt: comp (Computer-Themen), misc (Miscellaneous = Vermischtes), news (Neues zum Usenet selbst), rec (Recreation = Hobby, Sport, TV), sci (Science = Wissenschaft), soc (Social = Soziales), talk (Talk = Politik-Themen) sowie alt (Alternate = Kontroverse oder unübliche Themen). Seit 1995 kam mit humanities (Geisteswissenschaften und Kultur) ein achter Großbereich dazu.

In den 1990er Jahren wurde zudem eine regionale / sprachliche Gliederung eingeführt, die der Hierarchie vorangestellt wurde, so etwa „de.comp" für deutschsprachige Newsgroups zum Thema Computer.

UUCP (engl. Abk. Unix to Unix Copy Protocol)
siehe »Usenet

UUencode / UUdecode
(engl. Abk. Unix-to-Unix Kodierung/Dekodierung), vor der Einführung von »MIME gebräuchliche Methode, um Datei-»Attachments in ASCII-Code übersetzen, um sie als Teil von E-Mails versenden zu können. Sofern E-Mail-Clients das nicht unterstützten, musste man das per Hand machen.

Veronica
(»Backronym für: Very easy rodent-oriented net-wide index to computerized archives), Internet-Schlagworterzeichnis zum Finden von Dateien in »Gopher-Sites, entwickelt v. STEVEN FOSTER u. FRED BARRIE (1992f.), seit Aufkommen der ersten Web-Suchmaschinen wie »Altavista nicht mehr gebräuchlich.

Ähnlich wie das noch ältere Schlagwortverzeichnis »Archie ist auch der Name „Veronica" eine Figur aus dem ursprünglich namensgebenden Comic-Strip „Archie".

ViolaWWW
der erste außerhalb des »CERN entwickelte Webbrowser (1992f.), geschaffen vom US-Informatikstudenten »PEI-YUAN WEI für Unix-Betriebssysteme, vom Look and Feel her orientiert an Apples »HyperCard-Betrachter, etwa mit Vor- und Zurück-Schaltfläche und einer Lesezeichen-Liste.

virtuelle Chatworld
Erweiterung des normalen Chats per IRC-Client um eine räumliche bzw. 3D-Darstellung. So bewegte man sich per Avataur in den 1990er Jahren etwa durch 2D-Chatrooms „Worlds Chat" oder „Worlds Away", aber auch die 3D-Varianten „Alpha World" oder „Worlds Chat 3D" (»VRML). Bereits in den 1980er Jahren gab es die v. Chatworld „Habitat" für die Nutzer des Heimcomputers Commodore 64 (»Quantum Link).

virtuelle Realität (VR)
im allgemeinen auch für das Internet u. WWW gebräuchlicher Begriff, ähnlich wie „Cyberspace". Im engeren Sinne die Si-

mulation der visuellen und optischen Realität etwa mit Hilfe von 3D-Brille und Data-Glove (Datenhandschuh), aber auch per Webbrowser, insbesondere mit der »VRML-Erweiterung. Siehe auch: »Teledildonik

VoIP (Voice-over-IP)
siehe »Telefonie via Internet

VRML
Virtual Reality Markup Language, das 3D-Pendant zu HTML erweiterte das WWW zum dreidimensionalen virtuellen Raum, wo man per » Avatar etwa einen 3D-Chatroom betreten konnte.

WAIS
(engl. Abk. „Wide Area Information Server",
Abfragesystem für Datenbanken, das die Eingabe in natürlicher Sprache erlaubt ("Natural Language Input"), eine Technologie, die seit Mitte der 1990er Jahre auch von den aufstrebenden »Suchmaschinen-Startups im WWW vorangetrieben wurde.

Warez
(von engl. Software), Net Jargon für illegal kopierte, urheberrechtlich geschützte Dateien, technisch nicht ganz korrekt auch „Raubkopien" genannt.

Webcam
(engl. Netz-Kamera), Digitalkamera die Bilder direkt in das WWW hochlädt. Technisch erst möglich, seitdem Bilder in »HTML-Webseiten via »Inline Graphic eingebunden werden können (1993f.). Als erste Webcam gilt die »Trojan Room Coffe Pot Webcam. Mit einer tragbaren, drahtlosen Webcam übertrug der kanadische Ingenieur »STEVE MANN ein Jahr später seinen Alltag live ins Web (1994f.).

Web Counter
(engl. Web-Zähler), Zählanzeige, die auf Webseiten eingebettet wurde und die Zahl der Besucher anzeigte. Das eigentliche Zählen erledigte ein Programm auf einem entfernten Webserver. Hohe Zahlen sollten die Beliebtheit einer Homepage bezeugen. Allerdings ließ sich bei Diensten wie etwa „The Web Counter" von Net Digits (1995f.) ein beliebig hoher Startwert einstellen.

WebCrawler
siehe »Suchmaschine

Weblog
siehe »Online Diary

Webkatalog
meist thematisch geordnete, hierarchisch nach Kategorien/Unterkategorien aufgebaute Liste mit Weblinks, Vorgänger der »Suchmaschinen für das World Wide Web, die erst 1993/1994 entwickelt wurden.
Manche Portale wie etwa »Yahoo entstanden als Webkatalog, der dann mit einer Suchmaschine erweitert wurde. Anders als Suchmaschinen, die das Web automatisch durchsuchten und indexierten, wurden Webkataloge per Hand angelegt, entweder vom Administrator oder einer Nutzer-Community.

Web Server
entfernter Rechner, auf dem Webseiten zum Abruf bereit gestellt werden. Der erste Webserver unter der Adresse http://info.cern.ch wurde von »Tim Berners-Lee am »CERN auf einem »NeXT-Computer eingerichtet (1990). Ein handgeschriebenes Schild an der Maschine warnte: „This machine is a server. DO NOT POWER IT DOWN!!".
Der erste Webserver in den USA ging in Stanford/Kalifornien in Betrieb (1991). Der erste deutsche Webserver wurde vom Ingenieur Thomas Finnern am Hamburger DESY-Forschungszentrum unter der Adresse http://apollo3.desy.de eingerichtet (1992).
Zu den Anbietern kommerzieller Webserver-Software gehörten in den 1990er Jahren IBM (Internet Connection), Microsoft (Internet Information Center) und Netscape (FastTrack-Server). Zu einer weit verbreiteten, für viele Betriebssysteme verfügbaren freien Alternative hat sich der Apache HTTP Server der Apache Software Foundation entwickelt (1995f.).

Web-to-fax-Gateway
siehe »Internet-fax-Service

Web Widow
(engl. Web Witwe), Begriff für Ehepartnerin, die ihren Gatten an das WWW verloren hat, löste Anfang der 1990er Jahre den Begriff „Computer Widow" ab, u. steht somit zugleich auch für die männliche Dominanz im frühen Web.

WELL, the
(Whole Earth Lectronic Link), v. »Whole Earth Catalogue-Herausgeber »STEWART BRAND u. »LARRY BRILLIANT gegründete Online-Community (1984f.), gilt als eine der Keimzellen der US-Netzkultur, regte weitere virtuelle Communities wie »ECHO an, von »HOWARD RHEINGOLD in d. Studie „Virtual Community - Homesteading on the Electronic Frontier" ausführlich beschrieben.

Whole Earth Catalog
von »STEWART BRAND in unregelmäßigen Abständen herausgegebenes Magazin (1968f.) zu Themen wie Ökologie, Bildung, Do it yourself, später auch Personal Computing. Enthielt vor allem Produkt-Reviews sowie Kontaktinformationen des Anbieters. Die Produkte wurden als Werkzeuge (Tools) zur Selbstermächtigung verstanden.
Der Katalog gilt insofern auch als wichtiger Teil der kalifornischen „Counter Culture", u. wurde seit den 1990er Jahren oft als Vorläufer des World Wide Web o. der Suchmaschine Google bezeichnet.
Die Nutzergemeinde rund um den Katalog war auch in der von Brand gegründeten Online-Community »The WELL aktiv. Eine spätere Version des Whole Earth Catalog wurde im »HyperCard-Format auf CD-Rom angeboten (1989).

Winsocks
(engl. Abk. Window sockets) das Programm Winsock.dll sorgte unter Microsoft Windows für die Verbindung ins Internet, sobald eine Dial-up-Verbindung wie Modem zum ISP hergestellt war. Die von W. gemanagten Protokolle (»TCP/IP-Stack) umfassten »E-Mail, »HTTP, »IRC-Chat und »FTP.

WLAN
siehe »LAN

WorldNet
siehe »Internet Service Provider (ISP)

World Wide Web (WWW)
das von »TIM BERNERS-LEE und »ROBERT CAILLIAU am »CERN entwickelte Hypertext-Projekt für das »Internet (1990f.), welches auf Grundlage des Netzwerkprotokolls »HTTP und der Skriptsprache »HTML funktioniert. Dabei werden »Webseiten auf einem »Webserver gespeichert, von entfernten Rechnern über das Internet abgerufen und in einem »Browser dargestellt.
Der von Berners-Lee gewählte Arbeitstitel WWW setzte sich dauerhaft als Bezeichnung für diesen Teil des »Internets durch.
Parallel dazu bezeichnete Berners-Lee mit WorldWideWeb den ersten von ihm entwickelten grafischen Web-»Browsers für »NeXT-Computer (1990f.), später in Nexus umbenannt.
Das Kürzel „WWW" bezeichnete darüberhinaus einen von »Nicola Pellow am CERN entwickelten textbasierten Browser (auch „line mode Browser" genannt), mit dem sich Webseiten über eine »Telnet-Verbindung anzeigen ließen (1990). Für die Ausbreitung der Web-Idee war das von großer Bedeutung, da Interessenten plattformunabhängigen Zugriff auf die ersten Webseiten des CERN-Servers bekamen. Grafikbasierte Browser für andere Betriebssysteme wie Unix, Mac oder Windows gab es erst etwas später (»ViolaWWW, »Mosaic).
Inzwischen wird WWW und Internet oft synonym genannt. Tim Berners-Lee selbst erklärt den technischen Unterschied zwischen beiden Begriffen so: „Im Netz findet man Computer, im Web findet man Dokumente, Sounds, Videos, Informationen. Im Netz sind die Verbindungen Kabel zwischen Computern, im Web bestehen die Verbindungen aus Hyperlinks. Das Web würde es ohne das Netz gar nicht geben."

WWW-Browser
(line mode browser) s. »World Wide Web

X.25
Datenaustausch-Standard mit »Packet-Switching für großräumige Computernetzwerke, die per analoger Telefonleitung verbunden sind, entwickelt im britischen National Physical Laboratory von »DONALD W. DAVIES. Auf X.25-Basis arbeitende Netzen nutzten u.a. »CompuServe, Tymnet, Euronet sowie der französische »Minitel-Dienst, und nicht zuletzt auch das Datex-P-Netz der Deutschen Telekom.

XMODEM
von »WARD CHRISTENSEN u. »RANDY SUESS entwickelte Software, um Daten von PC zu PC auszutauschen. Wurde zur Grundlage des ersten »Bulletin Board Systems (BBS) in Chicago (CBBS, 1978f.) und als Public Domain Software bald darauf weltweit zur Einrichtung von Mailbox-Netzwerken genutzt.

Yahoo!
anfangs hieararchisch organisiertes Webverzeichnis, gegr. 1994 von »JERRY YANG und »DAVID FILO als „Jerry and David's guide to the World Wide Web", bald umbenannt in „Yahoo! Directory". Später erweitert in eine Suchmaschine und ein Online-Portal. Seit 1997 mit Free-Mail-Angebot Yahoo Mail durch Übernahme von »RocketMail.
Y. galt 1998 mit 95 Mio. Seitenaufrufen pro Tag als meist besuchte Website weltweit und als meist genutzte Suchmaschine.
Der Name Yahoo ist zugleich ein »Backronym für „Yet another Hierarchical Officious Oracle"
(siehe auch »AOL, »Lycos, »Excite)

Zamir-Netz
siehe »Zerberus-Software / Z-Netz

Zerberus-Software / Z-Netz
von »Wolfgang Mexner und »Hartmut Schröder 1984f. geschaffene Mailbox-Software, ursprünglich für die bessere Online-Vernetzung der Umweltbewegung. Das auf dieser Basis betriebene Z-Netz aus bald hunderten einzelner Mailboxes war demokratisch organisiert u. sollte eine linke Gegenöffentlichkeit schaffen.
Die Weiterentwicklung der Zerberus-Software wurde vorangetrieben von »CCC-Haecksen u. »Foebud-Mitgründerin »RENA TANGENS u. dem Medienkünstler »PADELUUN. Seit 1992 ermöglichte das ZConnect-Protokoll den Austausch von regulären E-Mails und das Posten von Mitteilungen im Usenet-Format.
Das Z-Netz wurde Vorbild für weitere Untergruppen auf Zerberus-Basis wie das T-Netz („Teilvernetzte Bretter"), das alternative CL-Netz (entstanden aus dem Zusammenschluss von Umweltnetz /Compost u. linkspol. Netz LinkSysteme) sowie das für die Friedensbewegung in Ex-Jugoslawien bedeutende Zamir-Netz. Über letzteres verbreitete etwa der niederl. Friedensaktivist WAM KAT 1992f. sein europaweit rezipiertes „Zagreb Diary".
Die meisten Z-Netz-Aktivitäten wurden ab Mitte der 1990er Jahre in »Usenet-Newsgroups übergeleitet. (siehe auch: »BBS/Bulletin Board System).

> Anhang

- Angaben zur zitierten Literatur
- Anmerkungen
- Abbildungsverzeichnis
- Kommentierte Auswahlbibliografie
- Historische Request for Comments
- Weitere historische Dokumente
  zur Netzgeschichte

Angaben zur zitierten Literatur

— Baran, Paul: On Distributed Communications, 1964
Baran, Paul: Reliable Digital Communications Systems using unreliable network repeater nodes, 1960
— Berners-Lee, Tim: Informations Management: A Proposal, CERN, 1989
— Berners-Lee, Tim: Weaving the Web, Origins and Future of the World Wide Web, 1999
— Borchers, Detlef: „Zehn Jahre Dotcom-Bust", in: Heise Online, 2010
— Blum, Andrew: Tubes. A Journey to the Center of the Internet, New York 2012
— Brecht, Bert: Der Rundfunk als Kommunikationsapparat, in: Ders., Schriften zur Literatur und Kunst I
(1920-1932)
— Barlow, John: A Not Terribly Brief History of the Electronic Frontier Foundation, Online-Veröffentlichung v. 8.11.1990
— Bush, Vannevar: As we may think. In: Atlantik Monthly, 7(1945), S. 101-108
Clarke, Arthur C.: Profiles of the Future; an Inquiry into the Limits of the Possible. New York 1962
— Defence Advanced Research Projects Agency, A History of the ARPANET: The First Decade, Arlington/Virginia, 1981
— Engelbart, Douglas: Augmenting Human Intellect: A Conceptual Framework, SRI Summary Report AFOSR-3223 (10/1962)
— Evans, Claire: Broad Band. The Untold Story of the Women who made the Internet, New York 2018
— Evans, Claire: „Multimedia Artist Jaime Levy was at the Forefront of Web Design before Websites Even Existed", in: Eye on Design, 2022
— Gore, Al: Infrastructure for the Global Village, in: Scientific American, September 1991
Hafner, Katie / Lyon, Matthew: Where Wizards Stay Up Late: The Origins of the Internet, New York 2003
— Hart, Michael: The History and Philosophy of Project Gutenberg, 1992
— Horn, Stacy: Cyberville: Clicks, Culture and the Creation of an Online Town, New York, 1998
— Isaacson, Walter: The Innovators. How a Group of Hackers, Geniuses and Geeks Created the Digital Revolution, New York 2014
— Kay, Alan: A Personal Computer for Children of all Ages, 1972
— Kennedy, B.: "When Women is Boss", in: Collier's Magazine, 30.01.1926
— Kreisel, Uwe /Ann Tabbert, Pamela: Net Jargon. Englisch für Internet, Hamburg 1996
— Levy, Paul: Hackers: Heroes of the Computer Revolution, New York 1984
— Licklider, J.C.R.: Man-Computer-Symbiosis, in: IRE Transactions on Human Factors in Electronics, vol. HFE-1, p. 4-11, 03/1960
— Licklider, J. C. R. / Taylor, Robert: „The Computer as a Communication Device". Science and Technology, (1968), p. 21-31
— Mailland, Julien / Driscoll, Kevin: Minitel. Welcome to the Internet, 2017
— Mann, Steve: „Wearable Computing as Means for Personal Empowerment", in: Proceeding of the 3rd International Conference on Wearable Computing (ICWC), pp. 51-59 (1998)
— Mertens, Mathias: Kaffeekochen für Millionen. Die spektakulärsten Ereignisse im World Wide Web, 2006
— Nelson, Ted: Complex Information Processing: A File Structure for the Complex, the Changing, and the Indeterminate, ACM Proceedings of the 1965 20th national conference,

84-100 (1965)
— Otlet, Paul: Les Sciences bibliographiques et la documentation, 1903
— Otlet, Paul: Monde. Essay d'Universalisme, Brüssel 1935
— Rheingold, Howard Rheingold: Virtual Reality, 1991
— Rheingold, Howard: Virtual Community. Homesteading on the Electronic Frontier, 1993
— Stafford-Fraser, Quentin: The Trojan Room Coffee Pot. A (non-technical) biography, 1995, cl.cam.ac.uk/coffee/qsf/coffee.html
— Stoll, Clifford: Silicon Snake Oil. Second Thoughts on the Information Highway, New York 1990
— Torvalds, Linus: Just for Fun – The story of an accidental revolutionary, New York 2001
— VNS Matrix: Cyberfeminist Manifesto for the 21st Century, 1991, in: Tanja Thomas / Ulla Wischermann, Feministische Theorie und Kritische Medienkulturanalyse: Ausgangspunkte und Perspektiven, Bielefeld 2020, S. 491
— Wells, H.G.: World Brain, London 1938
— Zachary, G. Pascal Zachary: The Godfather, in: Wired Magazine 5.11 (1997)
— Zachary, G. Pascal: Vannevar Bush - Engineer of the American Century, New York 1997
— „Der Web-Pionier aus dem Osten", in: Süddeutsche.de, 11. November 2018
— „Michael Hart, a Pioneer of E-Books, Dies at 64", in: New York Times, 9.9.2011
— „Stephan Schambach, 20 Jahre Danach - Ich sehe blühende Landschaften", in: Welt Online, 2.10.2010

Anmerkungen

1 vgl. Einleitung zu: Andrew Blum, Tubes. A Journey to the Center of the Internet, New York 2012
2 ebd.
3 Uwe Kreisel, Pamela Ann Tabbert, Net Jargon. Englisch für Internet. Reinbek bei Hamburg, 1996
4 Paul Otlet, Les Sciences bibliographiques et la documentation, 1903, S. 83
5 Bert Brecht, Der Rundfunk als Kommunikationsapparat, in: ders., Schriften zur Literatur und Kunst I (1920–1932), Frankfurt/M. 1967, S. 134f.
6 ebd.
7 B. Kennedy, „When Women is Boss" (Interview mit N. Tesla), in: Collier's Magazine, 30.01.1926
8 Paul Otlet, Monde. Essai d'Universalisme, Brüssel 1935, S. 390
9 H. G. Wells, World Brain, London 1938, S. 54
10 vgl. Clarke, Arthur C. Profiles of the Future; an Inquiry into the Limits of the Possible. New York 1962
11 ebd.
12 vgl. G. Pascal Zachary, The Godfather, in: Wired Magazine 5.11 (1997), sowie: ders., Endless Frontier: Vannevar Bush - Engineer of the American Century, New York 1997
13 Bush, Vannevar: As we may think. In: Atlantic Monthly, 7(1945), S. 101-108, hier: S. 107
14 ebd.
15 ebd.
16 vgl. Howard Rheingold, Virtual Reality, 1991
17 Claire Evans, Broad Band: The Untold Story of the Women who made the Internet, New York 2018, S. 25
18 ebd.
19 ebd.
20 ebd.
21 J. C. R. Licklider, Man-Computer Symbiosis, in: IRE Transactions on Human Factors in Electronics, vol. HFE-1, p. 4-11, 03/1960, hier: S. 4
22 ebd.
23 Licklider, Joseph C. R. and Robert Taylor. 1968. „The Computer as a Communication Device". Science and Technology, (1968), p. 21-31, hier: S. 21
24 Douglas Engelbart, Augmenting Human Intellect: A Conceptual Framework, SRI Summary Report AFOSR-3223 (10/1962), S. 6
25 ebd. S. 3f.
26 Live-Mitschnitt der NLS-Demo v. Douglas C. Engelbart, 1968, aufgezeichnet v. Stewart Brand
27 Ted Nelson, Complex Information Processing: A File Structure for the Complex, the Changing, and the Indeterminate, ACM Proceedings of the 1965 20th national conference, 84-100 (1965), hier: S. 96
28 Katie Hafner u. Matthew Lyon, Where Wizards Stay Up Late: The Origins of the Internet, New York 2003, S. 12
29 Paul Baran, Reliable Digital Communications Systems using unreliable network repeater nodes, 1960, S. 1
30 vgl. Paul Baran, On Distributed Communications, 1964
31 Defence Advanced Research Projects Agency, A History of the ARPANET: The First Decade, Arlington/Virginia, 1981, hier: Abschnitt III, S. 98
32 vgl. Network Working Group, Request for Comments (RFC) 439, „Parry encounters the Doctor" (18.9.1972)
33 Alan Kay, A Personal Computer for Children of all Ages, 1972
34 ebd.
35 Paul Levy, Hackers: Heroes of the Computer Revolution, New York 1984, S. 152
36 ebd.
37 Walter Isaacson, The Innovators, New York 2014, S. 385
38 Claire Evans, Broad Band, S. 98
39 Defence Advanced Research Projects Agency, A History of the ARPANET: The First Decade, Arlington/Virginia, 1981,

hier: Abschn. III, 110
40 Evans, Broad Band, 115f.
41 ebd.
42 ebd.
43 zit. n. Evans, Broad Band, S. 127
44 vgl. Michael Hart, The History and Philosophy of Project Gutenberg, 1992
45 zit. n. New York Times-Artikel „Michael Hart, a Pioneer of E-Books, Dies at 64" (9.9.2011)
46 Howard Rheingold, Virtual Community. Homesteading on the Electronic Frontier, 1993, S. 134
47 ebd., S. 118
48 ebd.
49 Chris Condon, Why I' Called Fuzzyman, in: Nethistory, an informal history of BITNET and the Internet, (http://nethistory.dumbentia.com/voices.html, via web.archive.org, 6. Juli 2013)
50 ebd.
51 Isaacson, The Innovators, S. 389
52 ebd.
53 Evans, Broad Band, S. 134
54 Stacy Horn, Cyberville: Clicks, Culture and the Creation of an Online Town, New York, 1998, S. 6
55 ebd.
56 ebd., S. 8
57 Julien Mailland u. Kevin Driscoll, Minitel. Welcome to the Internet, 2017, S. 47
58 Rheingold, Virtual Community, S. 137
59 Cyberfeminist Manifesto for the 21st Century, 1991, zit. n.:
Tanja Thomas / Ulla Wischermann, Feministische Theorie und Kritische Medienkulturanalyse: Ausgangspunkte und Perspektiven, Bielefeld 2020, S. 491
60 vgl. Tim Berners-Lee, Informations Management: A Proposal, CERN, 1989
61 Evans, Broad Band, S. 159f.
62 Tim Berners-Lee, Weaving the Web, Origins and Future of the World Wide Web, 1999, S. 119
63 ebd., S. 118

64 zit. n. Isaacson, Innovators, S. 342
65 ebd., S. 377
66 ebd.
67 ebd., S. 381
68 ebd., S. 413
69 Quentin Stafford-Fraser, The Trojan Room Coffee Pot. A (non-technical) biography, 1995, cl.cam.ac.uk/coffee/qsf/coffee.html
70 Mathias Mertens, Kaffeekochen für Millionen. Die spektakulärsten Ereignisse im World Wide Web, 2006, S. 27
71 ebd.
72 Al Gore, Infrastructure for the Global Village, in: Scientific American, September 1991
73 Mertens, Kaffeekochen, S. 37
74 Steve Mann, „Wearable Computing as Means for Personal Empowerment", in: Proceeding of the 3rd International Conference on Wearable Computing (ICWC), pp. 51-59 (1998)
75 Claire Evans, „Multimedia Artist Jaime Levy was at the Forefront of Web Design before Websites Even Existed", in: Eye on Design, 2022
76 „Stepan Schambach, 20 Jahre Danach - Ich sehe blühende Landschaften", in: WElt Online, 2.10.2010
77 „Der Web-Pionier aus dem Osten", in: Süddeutsche.de, 11. November 2018
78 Selbstaussage Jeff Bezos, veröffentlicht im Amazon.com-Press Kit, Version 1998
79 Clifford Stoll, Silicon Snake Oil: Second Thoughts on the Information Highway, 1995, S. 13
80 John Barlow, A Not Terribly Brief History of the Electronic Frontier Foundation (8.11.1990)
81 Howard Rheingold, Virtual Community, S. 300
82 Detlef Borchers, „Zehn Jahre Dotcom-Bust", in: Heise Online, 2010
83 Defence Advanced Research Projects Agency, A History of the ARPANET: The First Decade, Arlington/Virginia, 1981, hier: Abschnitt I, 2

Abbildungsverzeichnis

Abb. 1
Paul Otlet, 1937
Mundaneum, Gemeinfrei

Abb. 2
Entwurfszeichnung Pantoteca
Paul Otlet/Mundaneum
Gemeinfrei

Abb. 3
Miss Rosalind Kendall spielt Schach via
Funkverbindung,
New York 1922
AA, Gemeinfrei

Abb. 4
Memex-Apparat
Vannevar Bush, 1945
Gemeinfrei

Abb. 5
Vannevar Bush
ca. 1940
United States Library of Congress's Prints and
Photographs division
ID cph.3a37339
Gemeinfrei

Abb. 6
Telefonvermittlerinnen,
Bell telephone magazine,
1922
Gemeinfrei

Abb. 7
Grace Hopper am UNIVAC-Computer, ca. 1960
Smithsonian Institute
Gemeinfrei

Abb. 8
J.C.R. Licklider
U.S. National Library
of Medicine,
Gemeinfrei

Abb. 9
SAGE Combat Center CC-01, Hancock Field,
New York, ca. 1958
United States Air Force
Gemeinfrei

Abb. 10
Doug Engelbart, 1968
Screenshot Filmsequenz "Technical Session
Presentation Made at the Fall Joint Computer
Conference in San Francisco, December 9, 1968"
DARPA, Gemeinfrei

Abb. 11
Ted Nelson, 2011
Dgies,
CC BY-SA 3.0

Abb. 12
Brown University 'Hypertext Editing System' (HES),
1969
Gregory Lloyd
Gemeinfrei

Abb. 13
DARPA-Logo, 1972
Gemeinfrei

Abb. 14
IBM 2741 Terminal, 1965
IBM

Abb. 15
Zentralisiertes, dezentralisiertes, verteiltes
Netzwerk. Illustration aus: Paul Baran, On
Distributed Communications Networks, RAND
Corporation, 1962

Abb. 16
Kontrollpanel, Internet Message Processor
UCLA Boelter 3420 Lab
FastLizard4
Creative Commons
Attribution-Share Alike 3.0

Abb. 17
ARPAnet-Schema mit IMPs,
1969
DARPA, Gemeinfrei

Abb. 18
ARPAnet-Entwicklung 1969, 1971, 1977
DARPA, 1981
Gemeinfrei

Abb. 19
Coverbild, Seitendetail aus:
Bob Metcalfe, Scenarios for using the ARPAnet, 1972
DARPA
Gemeinfrei

Abb. 20

ARPANET Logical Map, 1977
DARPA
Gemeinfrei

Abb. 21
Kinder nutzen das Dynabook im Freien auf einem Rasen, Illustration aus: Alan Kay, A Personal Computer for Children of All Ages, 1972
Xerox Palo Alto Research Center

Abb. 22
XEROX Alto Workstation
Joho345
Gemeinfrei

Abb. 23
Community-Memory-Terminal bei Leopold's Records, Berkeley, 1975
Community Memory records, Box 12, Folder 15, Catalog 102703229

Abb. 24
Jake Feinler,
ca. 1972
Engelbart Papers/Special Collections of Stanford University Libraries

Abb. 25
Radia Perlman, 2009
Scientist-100
Gemeinfrei

Abb. 26
Michael S. Hart, 2008
Marcello
Creative Commons Attribution-Share Alike 3.0

Abb. 27
AM211 Akustik-Koppler
Olivier Berger
Creative Commons Attribution-Share Alike 3.0

Abb. 28
Rekonstruierte Ansicht eines Usenet-Postings
Screenshot

Abb. 29
EARN-Logo, 1987

Abb. 30
EARN-Netzwerkplan
aus: IBM-Broschüre: Weltweite Datenkommunikation für Wissenschaft und Forschung – EARN und seine Anwendungen 1984 bis 1987,
Creative Commons Attribution-Share Alike 3.0 DE DEED

Abb. 31
Hayes Smartmodem, erste externe Version, 1982
Aeroid
Creative Commons Attribution-Share Alike 4.0

Abb. 32
Whole Earth Catalog, Ausgabe Herbst 1970
Titelbild u. Seitendetail
Internet Archive

Abb. 33
Mitgliedertreffen im Büro von The WELL, 1991, im Vordergrund Howard Rheingold
MatisseEnzer
Creative Commons Attribution-Share Alike 4.0 International

Abb. 34
Foxnews berichtet über Stacy Horn und ECHO, 1990 (Screenshot)

Abb. 35
ECHO-Logo 1996
Stacy Horn

Abb. 36
Fernseher mit aufgerufener BBC-Ceefax-Seite, 2008
Joybot
Creative Commons Attribution-Share Alike 2.0

Abb. 37
Bildschirmtext-Logo
Deutsche Bundespost

Abb. 38
Kombination aus Telefon und BTX-Terminal (Multifunktionales Telefon 12)
Michael Brandtner
Creative-Commons Attribution-Share Alike 3.0

Abb. 39
Minitel 2 Terminal
Frédéric BISSON
Creative Commons Attribution 2.0

Abb. 40
Minitel-Seite, Screenshot
Raphaël Labbé
Creative Commons Attribution-Share Alike 2.0

Abb. 41
Fido-Logo in ASCII-Grafik,
John Madill,

Gemeinfrei

Abb. 42
Tom Jennings, 2013
T. Jennings,
Creative Commons
Attribution-Share Alike 4.0

Abb. 43
Fidonet Entwicklung 1984 -2009
Rtnick
Gemeinfrei

Abb. 44
Login-Seite Synchronet
Screenshot

Abb. 45
Hand-compiled list of Fido BBS systems, June 1984
T. Jennings
Creative Commons
Attribution-Share Alike 3.0

Abb. 46
Datenklo-Platine (Detail)
Enemenemu
Creative Commons
Attribution-Share Alike 3.0
Abb. 47Rena Tangens, 2015
Heinrich-Böll-Stiftung
Creative Commons
Attribution-Share Alike 2.0

Abb. 48
Cyberfeminist Manifesto-Plakat, 1991
Gemeinfrei

Abb. 49
Tim Berners-Lee, 2005
Uldis Bojars
CC BY-SA 2.0

Abb. 50
Erstes WWW-Logo
R. Cailliau, 1991
Gemeinfrei

Abb. 51
Rekonstruierte Ansicht der ersten Webpage
info.cern.ch
CERN,
Screenshot

Abb. 52
Wendy Hall, 2011
The Web Science Trust,
Creative Commons
Attribution-Share Alike 3.0

Abb. 53
Erster Webserver im CERN,
Boros.i,
Creative Commons
Attribution-Share Alike 4.0

Abb. 54
Screenshot Mosaic-Browser,
ca. 1993
Gemeinfrei

Abb. 55
Netscape Navigator Logo, 1994

Abb. 56
Plakette
Where the Web was Born,
CERN,
Max Braun
Creative Commons
Attribution-Share Alike 2.0

Abb. 57
Logo Internet Explorer, 1995

Abb. 58
GNU-Logo (Gnu-Antilope)

Abb. 59
Linus Torvalds
Creative Commons
Attribution-Share Alike 3.0

Abb. 60
Linux-Logo (Tux-Pinguin)

Abb. 61
XCoffee-Client, 1991
Quentin Stafford-Fraser
Creative Commons
Attribution-Share Alike 3.0

Abb. 62
Internet Hosts Count
Kopiersperre , Ke4roh
Creative Commons
Attribution-Share Alike 3.0

Abb. 63
Doom-Logo, 1993

Abb. 64
Jaime Levy, 2011
JLR Interactive

Creative Commons
Attribution-Share Alike 2.0

Abb. 65
Time-Cover
"Person of the Year:
Amazon.com's Jeff Bezos, 1999"
Time USA, LLC.

Abb. 66
Rekonstruierte Ansicht der ersten
Amazon.com-Startseite, 1995
Screenshot

Abb. 67
Amazon.com-Logo, ca. 2000

Abb. 68
ABC-Bücherdienst-Logo, 1995

Abb. 69
Yahoo-Logo, 1995

Abb. 70
Rekonstruierte Ansicht
des Yahoo-Webkatalogs, 1995
Screenshot

Abb. 71
Rekonstruierte Ansicht
der Fireball-Startseite
(Detail), 1997
Screenshot

Abb. 72
Rekonstruierte Ansicht
der Google-Startseite, 1998
Screenshot

Abb. 73
Sergej Brin & Larry Page, 2003
Ehud Kenan
Creative Commons
Attribution-Share Alike 2.0

Abb. 74
Download-Seite der Washington
Post zum Thema Starr Report,
1998
Screenshot

Abb. 75
NASDAQ-Index ab 1995
Lalala666
Gemeinfrei

Covervignetten:
v. links n. rechts siehe Abb.
Nr. 24,10,1,34,49

Kommentierte Auswahlbibliographie

— *Jaques Vallée,*
Computernetze: Träume und Alpträume aus einer neuen Welt, 1983
[ARPAnet-Pionier u. Groupware-Experte Vallée blickt voraus: wohin wird sich Computer-Netzwerk entwickeln? In Richtung totaler Kontrolle, o. in ein von den Menschen als bereichernd empfundenes „Geranke" aus Verkabelung u. sozialen Beziehungen? Neben KI-Kritik, Groupmind-Effekten o. etwa Datentunnelung mit Hilfe von Geranienblättern(!) stehen die Anpassungsprobleme in Sachen Digitalisierung im Mittelpunkt. Daumenregel für die Zukunft: Technik entwickelt sich schneller als menschliche Gewohnheiten, Amerika entwickelt sich schneller als Europa.]

— *Stewart Brand,*
The Media Lab. Inventing the Future at MIT, 1987
[Personalisierte Massenmedien, Medienkonvergenz in Computern und Netzwerken, intuitive, sprachgesteuerte Benutzerschnittstellen – wie die digitale Zukunft aussehen könnte, hat Whole Earth Catalogue-Herausgeber Stewart Brand schon Ende der 1980er Jahre im MIT-Medienlabor recherchiert, und in diesem Buch dargestellt, inklusive zahlreicher aufschlussreicher Interview-Sequenzen. Das vorangestellte Motto gibt die Richtung vor: „How will we directly connect our nervous systems to the global computer?"]

— *Howard Rheingold,*
The Virtual Community. Homesteading on the Electronic Frontier, 1993
[Ein kritisch-analytischer Erfahrungsbericht über das Leben in und mit „computer-mediated social groups known as virtual communities", das für Rheingold 1985 mit dem Login bei Stewart Brands Online-Community THE WELL begann und ihn in den folgenden Jahren u.a. durch Multi-User-Dungeons, BBS von Waffenlobbyisten und bis zu Tokioter Bürgerforen und in das Minitel Rose in Frankreich führte.]

— *Wetzstein Th. u.a.,*
Datenreisende. Die Kultur der Computernetze, 1995
[Wie wirken sich Computernetzwerke auf die Kommunikation aus? Wie verändern sich die Beziehungen der Menschen untereinander? Anfang der 1990er Jahre befragten die AutorInnen die Nutzergemeinde der damals populären Netzwerke, und bilden damit die mediale Situation vor dem eigentlichen WWW-Boom in Deutschland ab –
von kommerziellen Online-Diensten wie CompuServe über Bildschirmtext der Post bis hin zu Mailbox-Netzen wie FidoNet und dem Usenet.]

— *Uwe Kreisel & Pamela Ann Tabbert,*
Net Jargon. Englisch für Internet, 1996
[Als die maßgeblichen Webseiten, Mailinglisten u. Foren noch auf
Englisch verfasst waren, und dazu oft tech speak, Net- und Hackerslang vorherrschte, empfahl sich der Blick in ein Wörterbuch wie dieses. Da auch technische Standards, Software-Produkte u. Webdienste erklärt werden, bietet das Buch nicht nur
eine linguistische Momentaufnahme, sondern das gesamte Panorama der Webkultur Mitte der 1990er, inklusive Altavista, IRC-Chat oder WinFTP-Client.]

— *Stacy Horn,*
Cyberville: Clicks, Culture and the Creation of an Online Town, 1998
[Die Gründerin des East Coast Hangout / ECHO gibt Auskunft über Vorgeschichte und

Verlauf dieser von Frauen für Frauen (und Männer) gegründeten Online-Community, die sich als Gegenmodell zu Stewart Brands THE WELL verstand]

— Aliza Sherman,
cybergrrl! A Woman's guide to the World Wide Web, 1998
[Die cybergrrl / webgrrl-Aktivistin u. Internet-Entrpreneurin half mit diesem Buch Frauen dabei, das Web zu entdecken, und sich mit anderen Cybergrrls zu vernetzen, ob nun für politische oder karrieretechnische Zwecke. Zur Motivation sind auch Interviews mit Web-Pionierinnen eingestreut. Auch nicht ausgespart: die Themen „online stalking", „harassment", „pornography". Aufschlussreiches Zeitdokument über die Frauen-Perspektive auf das Internet Ende der 1990er Jahre]

— Tim Berners-Lee,
Weaving the Web: Origins and Future of the World Wide Web, 1999
[WWW-Erfinder Berners-Lee blickt in dieser stark autobiografisch geprägten Studie zurück auf die Ursrpünge der Web-Idee und die ersten Jahre der Einführung am Schweizer CERN. Wohl die wichtigste Quelle zum WWW überhaupt.]

— James Gillies u. Robert Cailliau,
How the Web was Born: The Story of the World Wide Web, 2000
[Das Gegenstück zur autobiografisch geprägten Web-Geschichte von Berners-Lee: hier erinnert sich dessen Kollegen James Gillies u. Robert Cailliau, die zweitwichtigste Quelle zur WWW-Geschichte]

— Katie Hafner u. Matthew Lyon,
Where Wizards Stay Up Late: The Origins of the Internet, 2003
[Die Entstehung des Internets aus dem Geist des Kalten Krieges, und was daraus wurde: Hafner u. Lyon blicken auf die technischen und personellen Hintergründe u. liefern eine Menge Oral History zur ARPAnet- und Internetgeschichte.]

— Paul E. Ceruzzi,
Eine kleine Geschichte der EDV, 2003
[Wer wissen will, wie die Geschichte der Mikrochips u. Mikrocomputer mit dem Kalten Krieg zusammenhängt, wird hier ausführlich bedient. Schließlich wurden die robusten, miniaturisierten Schaltkreise für die Steuerung der US-Atomraketen entwickelt, erwiesen sich dann aber auch als sehr praktisch für die Steuerung von Mondfähren, und brachten am Ende sogar noch den Personal Computer und das Internet für alle.]

— Matthias Mertens,
Kaffeekochen für Millionen. Die spektakulärsten Ereignisse im World Wide Web, 2006
[Das flüchtige, schwer zu fassende Medium WWW wird nur sichtbar durch Medienereignisse, so die These des Literaturwissenschaftlers – so präsentiert er eine Auswahl historischer Web-Events von der Trojan Room Kaffeemaschine über Seti@Home und Napster bis zur Versteigerung von Ratzingers gebrauchtem Golf, und damit zugleich eine Art Kulturgeschichte der ersten 15 Jahre World Wide Web]

— Steven Levy,
Hackers: Heroes of the Computer Revolution, 2010
[In den Worten v. Howard Rheingold: Ein Buch über „the unorthodox young programmers who created in the 1960s and 1970s the kind of computer technology

that nonprogrammers used in the 1980s and 1990s", zugleich ein Verweis darauf, wie männerdominiert die Technikgeschichte ist.]

— *Andrew Blum,*
Tubes: A Journey to the Center of the Internet, 2012
[Ausgehend davon, dass uns eine konkrete Vorstellung vom Internet als Ort oder Struktur verloren gegangen ist, macht sich Blum auf die Suche nach dem „anfassbaren", sichtbaren Netz der Netze, vom W-LAN-Router zuhause über urbane Kabelschächte, Rechnerfarmen, Knotenpunkte, Unterseekabel-Anschlussstationen etc.: „I have confirmed with my own eyes that the internet is many things, in many places. BUT ONE THING IT MOST CERTAINLY IS, NEARLY EVERYWHERE, IS, IN FACT, A SERIES OF TUBES."]

— *Walter Isaacson,*
The Innovators: How a Group of Hackers, Geniuses, and Geeks Created
the Digital Revolution, 2014
[Mit viel Quellenmaterial und O-Tönen angereicherte Sammlung biographischer Portraits zahlreicher Grandfather Nerds u. Babyboomer inklusive Bill Gates und Steve Jobs, leider auch überwiegend (von Ada Lovelace u. Grace Hopper mal abgesehen) weiteres Beispiel für die Perspektive „Männer machen Geschichte / Männer schreiben Geschichte", aber wegen der Faktenfülle u. O-Töne lesenswert.]

— *Claire Evans, Broad Band:*
The Untold Story of the Women who made the Internet, 2018
[Eine wichtige Korrektur der Technikgeschichte: Evans belegt die bedeutende Rolle von Frauen in der frühen IT- u. Internet-Geschichte, genauso die Mechanismen ihrer Verdrängung aus Führungspositionen, als der Umgang mit Computern sich als Ingenieurswissenschaft etablierte, und schließlich den lange (Rück-) Marsch zum Gendergleichgewicht]

— *Charlton D. McIlwain,*
Black Software. The Internet and Racial Justice, from the AfroNet to
Black Lives Matter, 2020
[Anders als Frauen wurden Schwarze nicht aus IT-Branche u. Computerwissenschaft herausgedrängt, sie wurden lange Zeit einfach herausgehalten. Zugleich erlebten sie, wie Computer und Netzwerke genutzt wurden, um Minderheiten wie sie selbst zu kontrollieren u. diskriminieren. So erzählt das Buch mit dem Thema Black Cyberculture die Geschichte des Internets als Empowerment durch Technikaneignung.]

Historische Request for Comments (RFC)

Als „Request for Comments" („Bitte um Kommentare") wurden seit 1969 grundlegende Netzwerk-Standards und Protokolle für das ARPAnet veröffentlicht, daneben aber auch allgemeinen Informationen (siehe RFC 1118) und diverse Aprilscherze (siehe RFC 1149).

Exemplarische Liste historischer RFCs:

— RFC 1 (April 1969) Host Software, Autor: Steve Crocker
[„*The software for the ARPA Network exists partly in the IMPs and partly in the respective HOSTs. ... Information is transmitted from HOST to HOST in bundles called messages. A message is any stream of not more than 8080 bits, together with its header ...*"]
— RFC 114 (April 1971) File Transfer Protocol, Autor: A.K. Bhushan
[„*The extended file transfer protocol would facilitate the exchange of programs and data between computers, the use of storage and file handling capabilities of other computers ... and have programs in remote hosts operate on your input and return an output.*"]
— RFC 155 (May 1971) ARPA Network mailing lists, Autor: J.B. North
[„*LIST TO RECEIVE RFC'S ... This list includes all Network Liaisons and others who should receive initial distribution of formal documents.*"]
— RFC 158 (May 1971) Telnet Protocol, Autor: T.C. O'Sullivan
[„*the function of which is to make a terminal (or process) at a using site appear to the system or a process at a serving site as logically equivalent to a terminal „directly" connected to the serving site*"]
— RFC 196 (July 1971) Mail Box Protocol, Autor: R.W. Watson
[„*A mail box, as we see it, is simply a sequential file to which messages and documents are appended*"]
— RFC 385 (August 1972) Comments on the File Transfer Protocol, Autor: A.K. Bhushan
[„*The following 'MAIL' command is therefore defined to send mail via the TELNET connection: MAIL <user>*"]
— RFC 413 (November 1972) Traffic Statistics, Autor: A.M. McKenzie
[„*Attached are three sets of network traffic statistics as follows:
- the entire month of October 1972, the four days preceding the ICCC (Oct. 20-23), the three days of the ICCC (Oct. 24-26)*"]

— RFC 439 (Januar 1973) PARRY encounters the DOCTOR, Autor: V. Cerf
[„*The session recorded below actually happened on 18 September 1972 and is herewith reproduced for your entertainment.*
Good Evening.
Tell me your problems. Please terminate input with a period or a question mark.
*People get on my nerves sometimes.
I am not sure I understand you fully.
*You should pay more attention.
Suppose you should pay more attention.
*You're entitled to your own opinion. (...)
PARRY was running at SAIL and DOCTOR at BBN Tenex, both being accessed from UCLA/SEX. "]

— RFC 742 (Dezember 1977) Finger Protocol, Autor: K. Harrenstien
[„*This is a simple protocol which provides an interface to the Name and Finger programs at several network sites. These programs return a friendly, human-oriented status report on either the system at the moment or a particular person in depth.* "]

— RFC 788 (November 1981) Simple Mail Transfer Protocol
[„*The objective of Simple Mail Transfer Protocol (SMTP) is to transfer mail reliably and efficiently.* "]

— RFC 791 Internet Protocol (IP) (September 1981)
[„*The Internet Protocol is designed for use in interconnected systems of packet-switched computer communication networks. ... The internet protocol provides for transmitting blocks of data called datagrams from sources to destinations, where sources and destinations are hosts identified by fixed length addresses.* "]

— RFC 761 (Januar 1980) Transmission Control Protocol (IP)
[„*The Transmission Control Protocol (TCP) is intended for use as a highly reliable host-to-host protocol between hosts in packet-switched computer communication networks, and in interconnected systems of such networks.* "]

—RFC 1925, (1. April 1996) The Twelve Networking Truths
[„*It Has To Work. (...) No matter how hard you push and no matter what the priority, you can't increase the speed of light. (...) It is more complicated than you think. (...)*]

— RFC 822 (August 1982) Standard for the Format of ARPA Internet Text Messages, Autor: D. Crocker
[„*This standard specifies a syntax for text messages that are sent among computer users, within the framework of 'electronic mail'. ... A message consists of header fields and, optionally, a body.* "]

— RFC 1118 (September 1989) The Hitchhiker's Guide to the Internet,
Autor: E. Krol
[„*This RFC is being distributed to members of the Internet community in order to make available some 'hints' which will allow new network participants to understand how the direction of the Internet is set, how to acquire online information and how to be a good Internet neighbor.*"]
— RFC 1436 (März 1993) The Internet Gopher Protocol
[„*The Internet Gopher protocol is designed for distributed document search and retrieval.*"]
— RFC 1630 (Juni 1994) Universal Resource Identifiers in WWW,
Autor: Tim Berners-Lee
[„*A Unifying Syntax for the Expression of Names and Addresses of Objects on the Network as used in the World-Wide Web*"]
— RFC 1866 Hypertext Markup Language (November 1995),
Autor: T. Berners-Lee
[„*The Hypertext Markup Language (HTML) is a simple markup language used to create hypertext documents that are platform independent. ... HTML markup can represent hypertext news, mail, documentation, and hypermedia; menus of options; database query results; simple structured documents with in-lined graphics; and hypertext views of existing bodies of information.*"]
— RFC 1945 (Mai 1996) Hypertext Transfer Protocol -- HTTP/1.0,
Autor: T. Berners-Lee
[„*The Hypertext Transfer Protocol (HTTP) is an application-level protocol with the lightness and speed necessary for distributed, collaborative, hypermedia information systems. HTTP has been in use by the World-Wide Web global information initiative since 1990.*"]
— RFC 1149 (1. April 2001) A Standard for the Transmission of IP Datagrams on Avian Carriers
[„*The IP datagram is printed, on a small scroll of paper, in hexadecimal, with each octet separated by whitestuff and blackstuff. The scroll of paper is wrapped around one leg of the avian carrier. A band of duct tape is used to secure the datagram's edges. The bandwidth is limited to the leg length.*"]

Weitere historische Dokumente zur Netz-Geschichte

— Vannevar Bush, As we may think, in: Atlantic Monthly, 7(1945), S.101-108
— J.C.R. Licklider, Man-Computer-Symbiosis, 1960
— Douglas Engelbart, Augmenting Human Intellect, 1962
— Paul Baran, On Distributed Communications, 1964
— Ted Nelson, Complex Information Processing: A File Structure for the Complex, the Changing, and the IndeterminateOffsite Link, ACM '65 Proceedings of the 1965 20th national conference, 84-100
— J.C.R. Licklider / Robert Taylor: The Computer as a Communication Device, 1968
— „Mother of all Demos": Live-Mitschnitt der NLS-Vorführung v. Douglas C. Engelbart am MIT, 1968, aufgezeichnet v. Stewart Brand [Filmaufnahme]
— Bob Metcalfe, Scenarios for Using the ARPANET, 1972
— Alan Kay, A Personal Computer for Children of All Ages, 1972
— Computer Networks - The Heralds Of Resource Sharing (Arpanet, 1972) [Dokumentar-Film v. Steven King]
— Vint Cerf & Bob Kahn, A Protocol for Packet Network Intercommunication, IEEE Transactions on Communications. 22 (5): 637–648, 1974
— Defence Advanced Research Projects Agency, A History of the ARPANET: The First Decade, Arlington/Virginia, 1981
— Jargon File, 1975ff. online, im Print u.a. veröffentlicht als:
— Guy Steele (Hrsg.), The Hacker's Dictionary. A Guide to the World of Computer Wizards, New York 1983
— Wau Holland (Hrsg.), Die Hackerbibel - „Kabelsalat ist gesund", Löhrbach 1985
— Ed Krol, The Hitchhikers Guide to the Internet (RFC 1118), 1989
— Cyberfeminist Manifesto, 1991
— Tim Berners-Lee, Information Management: A Proposal, 1989/90
— Al Gore: Infrastructure for the Global Village in: Scientific American, September 1991
— Sergey Brin & Lawrence page, The Anatomy of a Large-Scale Hypertextual Web Search Engine, in: Computer Networks and ISDN Systems, Band 30, 1998, S. 107–117

> ## Danksagung

Die Idee zu diesem Buch entstand während der Zeit der Corona-Pandemie. Dass das Projekt tatsächlich verwirklicht werden konnte, verdanke ich, wie im Impressum bereits vermerkt, dem Neustart-Stipendium, welches in dieser Zeit von der Bundesregierung angeschoben wurde. Diese finanzielle Unterstützung ermöglichte mir die Recherche.

Die Pandemie hat zugleich noch weiteren Einfluss gehabt. Als ich das Buch fertig stellen wollte, erkrankten meine Eltern an Covid. Sie starben wenige Monate danach kurz hintereinander an den Folgen. Die beiden hatten mich zuvor immer wieder danach gefragt, wie weit es mit dem Buch denn nun schon sei. Leider haben sie die Fertigstellung nicht mehr erleben können. Ihnen habe ich deswegen „Wer wob das Web" gewidmet, in Dankbarkeit für die Zeit, die wir zusammen verbringen durften.

Gewidmet ist das Buch aber ebenso meiner Tochter. Sie wurde mitten in dieser ohnehin schwierigen Zeit bei einem Anschlag auf ihre Schule lebensgefährlich verletzt, konnte aber wunderbarerweise gerettet werden.

Inzwischen ist ein Jahr vergangen, und wir können zum Glück wieder ein normales Leben führen. Was auch an der unglaublichen Unterstützung und Solidarität liegt, die wir von vielen Seiten erhalten haben. Alleine das ist Grund für große Dankbarkeit. Ebenso freut es mich aber, dass nun auch „Wer wob das Web" in den Druck gehen kann, denn es steht für ein weiteres Stück der wiedergewonnenen Normalität in unserem Alltag.

Ansgar Warner,
im Mai 2024

Vom selben Autor erschienen:

Ansgar Warner:

Vom Buch zum Byte

Kleine Geschichte des E-Books

Edition Science & Culture
Krautpublishing

Die E-Books sind unter uns - und diesmal sind sie gekommen, um zu bleiben. Dank E-Reader, Smartphone und Tablet ist der Traum von der universalen Bibliothek zum Greifen nah: jedes Buch zu jeder Zeit an jedem Ort. Verlage und Buchhandel befürchten dagegen den Untergang der Gutenberg-Galaxis. „Vom Buch zum Byte" erzählt die spannende Geschichte der elektronischen Bücher – von den Anfängen bis in die Gegenwart.